呪女怪談
滅魂

牛抱せん夏

竹書房
怪談
文庫

目次

※本書に登場する人物名は様々な事情を考慮して仮名にしてあります。

傘

あるシングルマザーの話である。

娘が小学一年生になった春のこと。

数日後、学校で初めての遠足があって、娘はそれを心待ちにしていた。天気予報ではしばらく雨の心配はなさそうだった。


その日の真夜中、娘と一緒に眠っていると、物音で目が覚めた。

それは玄関の扉が開く音だった。娘とふたり暮らしのため、ふだんから必要以上に戸締りには気をつけている。この日もしっかりと鍵をかけたはずなのに――。

身を固くして耳をそばだてる。しかし、廊下を歩く足音などは聞こえてこない。

(気のせいか――)

胸をなでおろすと寝室の扉が開いた。咄嗟《とっさ》に目を閉じる。

（まずい。泥棒かしら）

侵入者が自分の真横に立つ気配がした。

それと同時にバサッと床になにかを放り投げたような音。反射的に目を開ける。床に水に濡れた傘が落ちていた。ぎょっとして顔をあげると、そこに娘が立っている。

全身びしょ濡れだった。そればかりでなく、顔や腕、足から血を流し、生気のない表情でこちらを見ている。そして眠るときに着たはずのパジャマではなく、買ったばかりの赤いワンピース姿だった。

娘を抱きあげ救急車を呼ぼうとリビングへいき、受話器をあげたところで記憶が途絶えた。

気がつくと朝だった。受話器を握りしめたままリビングで倒れていた。慌てて寝室へいくと娘はパジャマ姿でスヤスヤと眠っていた。

遠足当日、お弁当を作っていると、娘が赤いワンピースを着て部屋から出てきた。

「その服はダメよ」

そう言うと娘は泣き出した。どうしてもこれを着ていきたいとせがむ。朝から大ゲンカになった。

そのせいで家を出る予定時間を大幅に過ぎてしまい、いつも一緒に登校する近所のこどもたちとの待ち合わせに娘は間に合わなかった。しぶしぶほかの服に着替えた娘を車で送っていくことにした。

その途中、救急車やパトカーが何台も停車しており、ひとだかりができていた。なにごとかと車を降りて事情を聞くと、突然歩道に車が突っ込んできたとのことだった。そこにはちょうどいつも娘が一緒に登校するこどもたちがいた。

あの夜見たのはこの日の娘の姿だったのかもしれないと思うと震えがとまらなかった。

いつの間にか雨も降り出していた。

中庭

「ドスン」と大きな音がして、山藤さんはコーヒーをこぼしてしまった。

当時彼が住んでいたマンションは、一号棟と二号棟に分かれており、その間は中庭になっている。

そこには滑り台などの遊具があり、日中から夕方にかけてこどもたちの格好の遊び場となっていた。

建物と建物の間に位置しているので、中庭の音は反響してよく聞こえる。にしても、かなりの音が響いた。

（もしかして誰か落ちたのかな）

慌ててベランダへ出て下を見ると、こどもたちは元気よく遊んでいる。主婦たちも立ち話をしているいつもののどかな風景だ。

（気のせいか。どこかの部屋で工事でもしてるのかな）

部屋に戻ろうとすると、向かいの棟の住人の女性が玄関前の外廊下から、山藤さんと同じように中庭を見下ろしている。

「大きな音、聞こえましたよね？　なんだったんでしょうね？」

声をかけると女性は顔をあげた。こちらを見たがなにも答えずにまた目線を中庭に戻した。一瞬笑ったようにも見えた。

（感じ悪っ）

山藤さんは部屋へ戻り、コーヒーを淹れなおした。

それからちょうど一週間後のこと。テレビを観ているとまた、中庭の方からあの音が聞こえた。なにかが落ちたような大きな音だ。

（どうせまた気のせいだろう）

テレビを点けたまま横になり、そのまま眠ってしまった。

どのくらい経ったか。空腹で目が覚めると外が騒がしい。

ベランダから中庭を見下ろすと、警察や野次馬でごった返している。

駐輪場付近には黄色いテープが張られている。屋根の部分はべっこりと凹《へこ》み血が飛び散っていた。

落ちたのは、一週間前に向かいの棟にいたあの女性だった。

あのとき聞いた音と、さきほど聞いた音にはなにか関係はあったのだろうか。

寮

川島さんは短大生の頃、寮で生活をしていた。

ある朝、隣の友人の部屋の扉をノックし「一緒に学校いこっ」と声をかけた。

「はーい。ちょっと待ってて」

すぐに返事が聞こえた。

廊下で待っていたが、なかなか出てこない。スクールバスの時間も迫っている。

「遅れちゃうよ」

返事はなかった。

（あれ？　窓から出ていったのかな？）

友人に電話をかける。

「え？　とっくに学校にいるよ」

彼女は自習のため、いつもより一時間早く登校していたらしい。
その夜。寝る前にお風呂に入っていると、脱衣所に誰かがいる気配がした。
すりガラス越しにウロウロと歩く姿がある。
（あれ？　玄関の鍵、かけ忘れてたかな。誰だろう？）
浴槽を出て扉を開ける。脱衣場には誰もいない。
パチャッと浴槽で水音がした。

葬式

年齢を重ねていくと、自然と亡くなった方を見送る機会も増えてくる。

五十代のある主婦は、葬式に出ると必ず見てしまうものがあるという。

式がはじまりしばらくすると、棺桶から遺体がムクッと起きあがる。初めて見たときには腰を抜かしてしまった。死んだはずの人間が生き返ったのかと思ったのだ。

ところが周りの人間は驚くことなく、涙を流している。

棺桶の中ではしっかりと遺体は眠っていた。

起き上がった故人が見えているのは、どうやら自分だけのようだ。

故人は棺桶から出ると、中央の通路を通って斎場を出ていく。

これまで何度もこれを見ている。その際、ニコニコ笑いながら去るひともいれば、悔しそうな顔、泣いていたり怒りの表情で出ていくひともいるという。

故人がどんな人生を送ったのかを表情で見て取ることができるから、不謹慎かもしれないが面白いのだそうだ。

一度、六十代の女性の葬儀に参列したときのこと。

その女性は棺桶から出てくると、参列者の中にいた若い女性の前にしばらく立ち、憎しみの表情で睨みつけていた。

それを見たときは恐ろしさのあまり、夜は眠れなかったという。

仕返し

藤井さんから聞いた話である。

ある深夜、二階の寝室で眠っていると、一階から誰かが上がってくる音で目が覚めた。

(こんな時間に誰だろう)

気になって扉を開けると、見知らぬ老人が立っている。顔は炭を塗ったように真っ黒だ。老人はニヤッと笑って消えた。真っ白な歯が浮かび上がって見えた。

翌朝、祖母に電話をかけて、昨夜の老人のことを伝えた。

彼女が言うには、それは遠い親戚らしい。

古い時代ということもあり、彼は金のためによそへ売られていった。

家を出るとき、どういう意味があったのか、ふり返りざま笑っていた。

売られた先で彼は幼いながら自ら命を絶った。

幼かった霊は時を経て老人の姿となり、身内に復讐をしにきたのだと祖母は怯えた。

「とうとうそっちにもいってしもたか——」

そいつが来たらなにが起こるのか、祖母は教えてくれなかった。

今、藤井さんは怯えて暮らしている。

花火

夫婦で花火大会に出かけた。
人通りの少ない田んぼの真ん中にある道に、車を停めて夜空を見あげる。
色とりどりの花火が夏の夜空に打ちあげられていく。
「きれいね」
妻が声をかけたが夫は返事をしない。
不思議に思って隣を見ると、運転席の夫の顔が、昨年死んだ兄になっていた。

拝む

ある女性が自転車を漕いでいると、正面から歩いてきた老人が突然ハッとした表情で手を合わせ、彼女を拝みはじめた。

（なに、あのじいさん、感じ悪いな）

次の交差点で信号待ちをしていると、横断歩道の向こうに立つ中年男性がこちらに手を合わせ拝んでいた。

帰宅寸前で、その女性はトラックにひかれた。

拒否

まゆさんが中学生の頃の話だ。

クラスで仲が良くなった友人を連れて、家に帰ってきた。

幼い妹は、コタツで祖母とおやつを食べているところだった。

「お姉ちゃん、おかえりー」

「ただいま」

妹はコタツから出てまゆさんに飛びついてきたが、後ろに立っている友人の姿を見たときだった。

うなり声をあげて気を失った。

祖母が妹を抱きあげ、コタツへ戻り、まゆさんの友人に言った。

「あんた、帰んなさい」

そのとき、玄関を誰かが激しく叩いた。

友人は「ごめんなさい」と頭を下げて出ていった。

外には誰もいなかった。

「あの子とは遊んだらいけないよ」

祖母の言葉の意味が未だにわからない。

同居

地方から東京へ出てきた役者志望の女性の体験談である。

JR山手線からほど近い場所の木造アパートの一階に入居することになった。

荷物の搬入が終わり、業者が帰ると一気に部屋は静まり返った。

これから慣れない東京でのひとり暮らしがはじまる。

不安はあったが、期待に胸を躍らせていた。

畳の上に寝ころび、大の字になって伸びをすると、窓の外から立ち話をする主婦の声が聞こえてきた。

「ここ、また若い女性が入ったんですって。大丈夫かしら」

「よかったじゃない」

明らかに自分のことを言っているが「大丈夫かしら」の意味がよくわからなかった。

その部屋には、天井からぶら下がる花柄の可愛らしいランプシェードがそのまま残されていた。ところどころに以前の住人が使っていたであろう物が置かれていた。

入居してしばらく経った頃。

目を覚ますとコタツに座った誰かがいる。

驚いて「うわっ」と声をあげると、そのひとはこちらへふり向いた。

若いショートカットの女性だ。女性は手にしたグラスの中身を飲みほすと、消えた。

麦茶だ、となぜか思った。

このできごとを、所属していた劇団の主宰者に話したところ、それをネタにして、ホラーのショートムービーを撮ろうということになった。

数ヵ月の準備期間を終え、いよいよ明日からクランクインという夜。

台所で乾いた音がした。

食器棚の中に入っていたグラスが粉々に砕け散っていた。

あのとき、コタツで麦茶を飲んでいた女性が使用していたものだった。

借りたい

平成元年、ある男性が体験した話である。

友人の誘いで住み込みのアルバイトをすることにした。場所は長野県にあるスキー場からほど近い某ホテルだ。高校を卒業後、進学はせず就職先も決まっていなかったので二つ返事で快諾したそうだ。

期間は雪の積もる十二月から二月までのワンシーズン。ホテルに隣接する寮があるため食費、家賃、光熱費といった生活費もかからない。同時期にアルバイトに来ていたのはほとんどが学生で五人の相部屋だった。左右に二段ベッドがあり、奥に畳敷きの小部屋がある。同僚たちがベッド、男性は小部屋に布団を敷いて眠っていた。

主な仕事はホテル宿泊客への朝食の給仕だ。朝は早いが、仕事が終わればあとは自由に過ごすことができる。稼ぎたければ昼と夜の給仕を手伝うこともあった。

三月に入りオフシーズンになると、学生アルバイトたちは卒業式や就職で寮を出ていき、誰もいなくなった。男性は就職先も決まっていなかったため、しばらくはここで働きながら先のことを考えようと思っていた。

五人で使っていた部屋はひとりになると急に広く感じた。

ある晩、仕事を終えて部屋に戻ると、梯子《はしご》を上って二段ベッドの上をのぞいてみた。これまでは奥の小部屋で寝ていたのだが、一度ベッドで眠ってみたかったのだ。

電気を消し、天井から吊るされた目隠し用のカーテンを閉めると横になる。とたんにシャッとカーテンが開けられた。

「お風呂に入りたいのですが、なにもなくて。道具を借りたいのですが」

暗くてよく見えないが、白いダウンジャケットを着た男が話しかけてくる。

「どうぞ。そこにバスタオルは干しているから、あとはその辺にあるもの自由に使って」

そう答え、目を閉じた。

朝になり、昨夜のことをふと思い出したがどうも腑に落ちない。カーテンを開けた男の顔はすぐ目の前にあったが、わざわざ梯子を上ってまで話しかけてくるだろうか。

新しいバイトだろうが、どうしても気になって仕方なかった。宿泊客の朝食の準備をしながら、シェフにほかのバイトのひとのことを聞いてみた。すると、事務所に待機している従業員を除いて、寮にはキミひとりだけだよと言う。

　仕事後、部屋に戻り大浴場にいこうとすると、バスタオルが滴るほどにびっしょりと濡れていた。そのタオルを見た彼は「あッ」と一ヵ月前の深夜のことを思い出した。


　その夜、ほかの従業員たちとこっそりホテルを抜け出し、スキー場の麓にあるディスコに遊びにいった。帰宅する頃には山道に霧が立ち込めてきた。雪はだいぶ溶けていたが気温が下がり芯から冷えるほど寒かった。麓から寮までは車で約二十分ほど。左右に民家はなく淋しい道だ。あまりの濃霧で数メートル先はまったく見えない。速度を落としゆっくりと坂を上っていくと、突然目の前に人影が見えた。

「なにやってんだ、あのひと。乗せていってあげようか」

「ヤバい！　ふり向くな！　そのまま走れ！」

　従業員のひとりにものすごい剣幕でまくしたてられ、そのまま車を走らせた。その人影は白いダウンジャケットを着ていた――。

昨夜のは、あのときのひとだ。

家族

かおりさんが結婚した相手はバツイチ子持ちの男性だった。

早くに前妻を亡くし、男手ひとつで小学一年生まで娘を育ててきた。

娘は自分に心を開いてくれるだろうか。お母さんと呼んでくれるだろうか。

不安はいっぱいあったが、思いのほかすぐになついてくれた。

きっかけは学校へいく前に朝食で作ったオムライスだった。

「オムライスおいしかったよ。いってきます、お母さん」

「いってらっしゃい。気をつけてね」

初めて「お母さん」と呼ばれたかおりさんは胸がいっぱいになった。

娘が通りの角を曲がるまでその背中を見送っていた。

これからもずっと家族としてこの生活が続いていくのだ。かおりさんは幸せをかみしめていた。

一時間ほどして一本の電話が鳴った。相手がいったいなにを言っているのかまったく理解ができなかった。

かおりさんが病院に駆け付けたときには、すでに娘の顔には布がかけられていた。

登校中、飲酒運転のトラックが突っ込んできた。

娘は飛ばされ、縁石の角に頭をぶつけて亡くなった。

仕事にいっていたご主人は、病室へ到着すると変わり果てた娘の姿を見て気を失ってしまった。まさか、幼いこどもを先に見送ることになるとは想像もしていなかったのだ。

かおりさんは現実味がなく、涙も出なかった。

慌ただしく葬儀が終わると夫婦ふたりだけの生活がはじまった。

久しぶりに夕食の準備をしてテーブルに置くと、ご主人はきょとんとした顔で言う。

「この子の分は？」

「え？」

「いじわるをしちゃいけないよ。早く出してくれ」

娘が生前座っていた椅子の方を向き、ご主人は笑っている。

慌てて娘の食事の準備をすると、楽しそうに誰もいない席に向かい会話をしている。

娘の死を受けとめることができないのだろう。

彼の心が壊れないように望む通りに合わせることにした。


数日後のこと「ただいま」と玄関から娘の声が聞こえた。

「おかえり」

かおりさんは返事をして、おやつの準備をはじめたところで我に返った。

（あの子は亡くなったのよ）

そう言い聞かせたのだが、この日を境に、部屋の中で娘の声が頻繁に聞こえるようになったのだという。

最近は、一緒に会話をしながら食卓を囲んでいる。

今夜は娘の好物のオムライスだ。

「お母さんのオムライス、おいしいね。また作ってね」

かおりさんは今も家族三人で幸せに暮らしている。

恋人

おせっかいな友人の紹介で、山川さんはある女性と出会った。

恋人のいない山川さんを心配してのことだろう。仕事も忙しいししばらく誰かと交際する気などなかったが、友だちくらいならいいかと思い、会ってみることにした。

実際に会ってみると、正直なところ、決して可愛くはないしタイプでもなかった。

しかし、性格は穏やかで優しく、気配りのできるひとで、山川さんは女性と連絡を取り合うようになった。女性はいつも山川さんの躰《からだ》のことを気遣ってくれる。

交際をしているわけではなかったが、会うたびにメッセージ付きの手作り弁当を持参してくれた。

いつしか彼女と（付き合ってもいいか）と思うようになった。

休日にふたりでいった公園で彼女の手作り弁当を食べ終え、山川さんの方から告白をした。

彼女は泣いていた。そんなに喜んでくれるのなら、大切にしよう。

そう思ったのだが、いざデートの約束となると、気が重たくなるようになってきた。

なぜか「いきたくない」という気持ちがこみあげてくる。

会えばつまらないわけでもないのに、毎度デート前は憂鬱になり、不安にもなる。

この気持ちはいったいなんなのだろう。

彼女には申し訳なかったが、やがて電話もメールも拒否設定にし、会うことをやめた。

しばらくして、彼女を紹介してくれた友人から「話を聞いてやって」と連絡がきて、喫茶店で話をすることにした。

「なぜだかあなたと会うと不安になる。どうしても付き合えない」と言うと彼女は泣いていた。申し訳ない気持ちでいっぱいだ。

「話さなきゃいけないことがあるの。私、実は今まで二度結婚してるの」

彼女は突然言い出した。初めて知ったことだった。彼女は続ける。

「ふたりとも死んじゃった。そのあとお付き合いをした男性も、みんな死んだの。みんなみんな死んじゃった」

返す言葉が見つからない。

あのとき感じた不安感はこれだったのだろうか。

「私をひとりにしないでね」

山川さんはゾッとして、なんとかその場をあとにした。

以降、彼女とは会っていない。

しかし、彼女が、うっすら笑みを浮かべてこちらを見ていたことを、忘れることができずにいる。

古民家

大下さんは結婚を機に、平屋の古民家に引っ越した。

夫婦揃って古道具好きで、住まいもレトロなところにしたかったので選んだ家だった。ふたりで暮らすにはじゅうぶんな広さがあり、ところどころ修復すれば、きっとここは自分たちにとっての最高の城になるだろうと期待に胸を躍らす。

住みはじめてしばらく経った頃、大下さんは厭な夢を見た。

誰かを殺したらしい。家の風呂場で遺体をバラバラに解体していく。そして、庭の土に少しずつ埋めていくのだ。夢を見た日から、風呂場の入り口の扉が風もないのに音を立てて勢いよく開閉するようになった。

妻は怖がって「引っ越したい」と言い出したが、その度にケンカになってしまった。

あれから毎夜、あの夢を見る。

そのうちに、もしかしたら自分は本当に誰かを殺しているのではないかと不安になっていった。

入居から五年の月日が経った。すでに妻は実家に戻り別居生活を送っていた。

ある夜、台所でお湯を注いだカップラーメンを持ってリビングへ戻ろうとすると、風呂場の扉が勢いよく開いた。そこから汚い着物を身にまとった老人が出てくる。老人はこちらを一瞬見ると、玄関からすり抜けるように出ていった。

翌日、不動産会社からマンションの建設計画があるので、家から立ち退いてほしいと連絡が入った。

古民家を出て普通のマンションに、戻ってきた妻と住むようになった。

十年が経ち、今は夢の内容も変わった。

見つかる前に死体を掘りおこそうとしている。

アメジスト

実樹さんの母親が入院することになった。

医者からは「一週間持つかわからない」と言われ、目の前が真っ暗になった。

母親は実樹さんよりもずっとパワフルで働き者だった。

癌が見つかったときにはすでに全身に転移しており、手の施しようがなかった。

医者と相談し、余命宣告は行わず、数日間の入院だと伝えた。

夜中の緊急入院だったのだが、母親はベッドを囲うカーテンの外をしきりに気にしている。

「母さん、どうしたの？」

「看護師さんかしら。カーテン開けて」

母親は「お部屋、間違えてますよ」と、誰もいない空間に向かって話しかけた。

それからも、日中、誰かが病室にいると母親は言った。

見たこともない老人で、部屋の隅にいたり、カーテンの隙間からのぞく。

毎日実樹さんが面会にいくたびに、母親は怯えて言う。

病気のせいで幻覚でも見えているのか、認知症の症状が出だしたのかはわからない。

ある日、病室に入ると、母親はこんなことを言った。

「このおじいさん、出ていかせて」

実樹さんにはなにも見えなかったが、空間に向かって「出ていけ！」と叫んだ。

母親の怯えがなくなることはなかった。

そして数日後、母親は亡くなった。


葬儀の朝、実樹さんは葬儀場でひとり、入り口の方へ歩いていた。

「母さんを見送るまではしっかりしなきゃ」

そのとき耳元で母親の声がはっきり聞こえた。

「実樹、気をつけて」

手首にはめていたアメジストのブレスレットが、音を立ててはじけ飛んだ。

そのとたん、真っ黒な影が実樹さんの真横を通り、ものすごい速さで出口へと抜けていった。

そばにいたスタッフがすぐに駆け寄ってきた。

「お客様、大丈夫ですか……今の、見えましたよね」

そのアメジストのブレスレットは、生前母親が大切にしていたものだった。

住み慣れた家

海野さんが小学生の頃の話だ。夏の夜のことだった。

あまりの暑さに喉が渇いて目が覚めた。

家族はみな眠っている。どうしても水が飲みたいが、ひとりで暗い台所へいくのは怖がりの彼にとって至難の業だった。

しばらく我慢していると、食器棚からなにかを出すようなカチャカチャという音が聞こえてきた。

（あれ？　誰か水を飲みにいったのかなぁ？　チャンス！）

二段ベッドの下を見ると、妹は眠っている。両親のどちらかだろうと思い、梯子《はしご》を下りて台所へ向かった。

ところが台所は真っ暗だ。

（あれ？）

暗くてよく見えない。

誰かがいれば電気は点いているはずなのに。

暗闇の中、蛇口をひねり水を注ぐ音……ごくごくと喉を鳴らし飲みほすと、シンクにコップを置く音もした。

（やっぱりいるじゃん）

シンクに近づこうとしたとき、足音がこちらに近づいてきた。

「お父さん？　お母さん？」

海野さんが声をかけたが返事はない。目を凝らすと、プリーツのスカートが見えた。

「誰っ？」

咄嗟《とっさ》に叫んだ海野さんの前に、髪も顔も真っ黒なおんなの子が現れた。

夢中で両親の寝室へ入ると、ふたりとも眠っている。母親の布団にもぐり込み、朝まで震えていた。

一ヵ月後、引っ越しをすることになった。朝から業者が来てすべての荷物を運び出し、部屋は空っぽになった。

その家は海野さんにとっては生まれたときからの思い出の詰まった場所だ。

最後に家に挨拶をしよう。妹とふたりで部屋を回った。こども部屋から両親の部屋、リビング、台所の順で「さようなら」と言っていく。

「じゃあ、もういこうか」

外に出た海野さんの目の前で玄関の扉が勢いよく閉まり、中からガチャッと鍵が閉められた。

扉が閉まる一瞬、廊下の角に、プリーツスカートがひらり。

故障

タカヒロさんが運転していると、急に車の調子が悪くなった。

（え？　うそだろ？　こんなところで）と不安がこみあげてきた。

案の定、故障のようだった。

路肩に寄せたところでエンジンが止まり、ボンネットから煙があがる。もくもくと溢れ出てくる煙は上に昇っていかず、タカヒロさんの見ている前で人間の形になった。

（——なんじゃ、こりゃ？）

数十秒間、タカヒロさんはその煙と対峙していた。

煙が消えるとさっきまでの不調が嘘のように車は動き出した。

樹海の近くであったできごとである。

患者

ある新人看護師が廊下を歩いていると、入院着を着てウロウロしている高齢の女性を見つけた。

「どうしましたか？」

「口腔外科の小川先生にお世話になったから、お礼が伝えたいの」

女性は鈴木さんといい、先日小川先生の手術を受けたという。

足元は可愛らしいアニメのサンダルを履いていた。

「おかげさまで本当に元気になったから、直接ありがとうと言いたいわ」

「わかりました。今、先生に連絡してみるので待っていてくださいね」

看護師はＰＨＳで先生とアポを取り、女性に時間と場所を伝えた。

「場所、わからなかったら案内しますよ」

「大丈夫よ。ご親切にありがとう」

患者を見送り業務をこなしていると、小川先生から呼び出しがあった。

彼女は、小川先生とは初対面だった。

「さっき、誰が面会希望って言いましたっけ?」

「鈴木さんという高齢の女性患者です。可愛らしいサンダルを履いた」

小川先生もそばにいた看護師も首を傾げた。

「鈴木さん、実は先週亡くなってるんです」

「えっ?」

「手術は一度は成功したんですが、容体が急変して……それに」

舌癌《ぜつがん》だったから、言葉を話せないんですよ。

無関心

石川さんは、二十五年前、東京の世田谷区のアパートで暮らしはじめた。

当時、警備会社に勤めており、職場の知人が紹介してくれた物件だった。

住みはじめて数日が経った頃、敷布団のシーツに、長い髪の毛の束が落ちていることに気がついた。

彼はひとり暮らしで交際している女性はいなかった。

ここに住みはじめて他人を室内へあげたことはない。髪は掃除機で吸い込んだ。

翌日になって目が覚めると、また髪の毛の束がある。掃除機で吸い込んで仕事へいった。

それから毎日髪を掃除機で吸い込むことが日課となった。毎日淡々と吸い込む。

ある夜、突然目が覚めた。

顔の横に青い足がある。

（誰だ？）

見あげようとしたとき、ぱさっと髪の毛の束が落ちてきた。

（起きたら吸い込もう）

無関心のまま眠った。

その頃から石川さんは朝、起きられなくなった。

これまで仕事を休んだことはなかったが無断欠勤をくり返すようになった。

仕事にいきたい意志はあるのだが、起きようとすると意識が遠のいていく。

それでも、髪の毛の束を掃除機で吸い込む作業だけは、毎朝欠かさず続けていたそうだ。

光

こどもたちが成人し、夫とふたり暮らしになってもう二十年以上が経つ。山を開拓した分譲地に建てた一軒家は、周りには民家が少ない。田舎の夜は早く、二十二時頃には辺り一帯が静まり返る。虫の音がうるさく聞こえるほどだった。

ある夜、お風呂あがりにリビングで本を読んでいた。つい集中してしまい深夜一時を過ぎていた。夫は朝から仕事のため早くに二階の寝室で眠っていた。

そろそろ休もうと、戸締りを確認し電気を消して二階へ上がった。廊下の突き当たりに小窓がある。そこから光が入ってきていた。

不思議になり小窓から外を見た。庭が煌々《こうこう》と光っている。光っているというよりも庭だけ真昼のように明るい。周辺は闇だ。

なぜ我が家の庭だけが明るいのか。

雨戸も閉めてある。首を傾げていると闇の中から一匹の犬が現れた。草花の匂いを嗅ぎながら機嫌よさそうにウロウロしている。

(どこの家のコだろう)

犬はふいにこちらを見あげた。その顔を見て思わず「あっ」と声を漏らす。五年ほど前に亡くなった愛犬だ。犬はこちらを見てしっぽを振ると、そのまま闇の中へ消えていき、それと同時に庭の光は消えた。

窓を開け名前を呼んだが、足音も気配もなく、虫の音だけが響いていた。

心当たり

　一年ぶりに会う友人とファミレスで食事をしていた。

　突然、友人が妙なことを言い出す。

「最近、旅行とかいった？」

「旅行？　いったかな？　なんで？」

「軍服みたいなのを着たひとがたくさんいるけど、心当たりある？」

「軍服？　なんだそれ、気持ち悪……あ」

　言いかけて、最近沖縄へいったことを思い出した。

「それだよ。お前の後ろに軍服のひとたち、いるぞ」

「マジか。でもひとりでいったわけじゃないのに。なんで俺にだけ付いてきてるんだよ」

「知らないけど……沖縄のどこにいったの？」

「いろいろだよ。軍服で心当たりは……ガマかな」

ガマとは戦時中、防空壕として使用されていた洞窟である。

そのガマに入ったときの靴を今、履いている。

「靴が原因かな……なんか変なものでも踏んだかな?」

そのガマの中には回収されていない人骨が未だ残っている。

順番

そのマンションに中野さんが住みはじめて二年が経った頃。

梅雨時期から部屋で異臭がするようになった。気温が上がっていくにつれ、異臭は更に強まる。

どこかのベランダで生ごみでも放置されているのか。それともどこかに動物の死体でもあるのだろうか。臭《にお》いの原因を探るべく敷地内を幾度となく歩いて回ったがわからなかった。

ある朝、会社へいこうと玄関を出ると、隣に住む老人が自分の部屋の前でうつむいて立っていた。引っ越してきたばかりの頃はよく顔を合わせていたが、最近は部屋に閉じこもったきり外出していないようだった。真夜中になると、ゴトゴトとなにか物でも動かすような音だけが聞こえていた。

「おはようございます。お元気ですか」

声をかけたが老人はうつむいたままだ。

中野さんは老人に歩み寄り聞いてみた。

「最近、なんかニオいません？　なんだと思います？」

老人は顔をあげ、中野さんを見ると「ああっ！」と叫んだ。

その声にびっくりしたのと、急いでいたこともあり、中野さんは逃げるようにしてその場を立ち去った。

二日後、その老人の腐乱死体が隣の部屋で発見された。

死後一年が経過していたという。

恐ろしいのは、その後、このマンションでは次々に死者が出たことだ。

管理人の女性が管理人室で首つり自殺。

マンションを管理する不動産会社の若社長が突然死。

中野さんの部屋の上の住人が飛び降り自殺。


いつ自分の番が回ってくるのか気が気じゃない。

夫

久しぶりに夫婦で休みが一緒になった。

しかし、コロナ禍で行きたいと思っていた場所へ出かけることもできず、ずいぶんやっていなかった家の片づけをすることにした。

粗大ごみが多くあったので、朝一で近くのクリーンセンターへ運び込もうということになった。しかし夫の車にはふだん仕事で使用している道具がたくさん積み込まれている。早い時間に会社にいって降ろしてくるので、その後ふたりで粗大ごみを積んで持っていこうと夫は言った。

翌朝、二階から下りてくると、一階のリビングに出かけると言っていた夫がまだいて、ソファでぼんやりテレビを観ていた。

コーヒーを淹れて、ダイニングテーブルで飲んでいると玄関が開く音がした。ふり向くと夫が顔を見せた。ソファを見ると誰もいない。

「あれ？　いつ外に出たの？」

「なに言ってるんだ？　起きてすぐに会社にいったし、お前はまだ寝てただろう」

夫が出かけた時間と自分が起きてきた時間を考えると、ソファにはいるはずのない夫がいたということになる。さきほど見たときの夫は半ズボンだったが、目の前の夫は長ズボンだ。

夫でないとするなら、あのとき見たひとはいったい誰だったのか考えるとゾッとする。

あそぼ

「おにいちゃん、あそぼ」

深夜、畠山さんが眠っているとき、誰かに声をかけられた。

うつ伏せで眠っていたのだが——重い。

「おにいちゃん、あそぼ」

声は背中から聞こえる。

首を回して見ると、小さなおんなの子がこちらをのぞき込んで笑っていた。

まったく知らない子で赤い着物姿だ。

「おにいちゃん、あそぼ」

パジャマを掴んで、こどもとは思えぬ力で揺さぶってきた。

畠山さんはおんなの子をはね飛ばし、電気を点けた。

そこには誰の姿もなかった。


数日後。リビングでテレビを観ていると心霊番組がはじまった。

霊能者が山道のようなところを歩いている。湖が映し出された。

どうやら、その湖を霊視するらしい。

（くだらない。どうせやらせだろう）

チャンネルを替えようとすると、霊能者が湖の一角を指さした。

「あそこに……おんなの子がいます」

当然のことながら画面にはなにも映っていない。

テレビを消しリモコンを置くと、消えた画面に誰かが映っている。

ふり向くと、赤い着物のおんなの子がいた。

「おにいちゃん、あそぼ」

霊能者が言っていたことを思い出した。

「あそこにおんなの子がいます。赤い着物を着てますね」

畠山さんは数週間前の深夜、友人と一緒にドライブがてら鎌倉湖を訪れていた。

ゲートが閉まり中に入ることができないところを、無理矢理越えて侵入したことをこのとき後悔した。

あそぼ。

ぴちゃっ

初夏の風が心地よい、よく晴れた日のことだ。

高校から帰宅途中だったあゆみさんは、暑くなったので羽織っていたカーディガンを脱ぐと、駅の改札を出た。

自宅までは、ここからまたバスに乗り換える必要がある。

駅前のロータリーには市内各方面へと向かうバス停がいくつも並び、人通りも多い。

歩道橋を渡って階段を下り、自分が乗るバス乗り場を目指す。

道行く人々のカラフルな靴が、せわしなく移動していくのが目に入る。

その中の、ひとりの足元が気になった。

白いスニーカーにピンク色の靴下を三つ折りにしているが――。

ぐっしょりと濡れている。

その足は不安定にあっちへいったりこっちへいったりとフラフラしている。

思わず目線をあげると、季節外れのコートを着た三十代ほどの女性だった。

しかも、頭の先から足の先まで全身びしょ濡れだ。

(どうしたんだろう、このひと)

ここのところ晴天続きでこの日も雨は降っていない。

なにか非常事態なのではないかと周りを見渡してみたが、通行人は誰も彼女のことを気にもとめない。まるで視界に入っていないようすだ。

こんなにも異様な風体なのになぜなのか。

女性は、濡れた長い髪を横でひとまとめにし、両手で握りしめている。

不揃いで黄ばんだ歯が見えた。ニタニタ笑っている。

商業施設が多く並ぶこの人通りの多いなか、びしょ濡れの女性がいることに誰も関心を持っていない。

全身が粟立《あわだ》つのを感じた。

さきほどまでは汗ばむほどの陽気だったが、躰の芯が凍えるほど寒くなってきた。

もしかしたら、困っているのかもしれない。

精神的な病なのかもしれない。

なにか助けられることはあるだろうか。

でもやっぱりこのひとなんだか変だ。

あれこれ考えてみたが、まだ高校生のあゆみさんは、この場合なにをするのが正解なのか判断がつかなかった。

(誰かおとなが助けてくれないかな)

たくさんいる通行人たちを見たが、誰も彼女を見たり指さす者もいない。それが異様だった。

あゆみさんは申し訳なく思いながらも、びしょ濡れの女性に背を向け、逃げるようにその場を立ち去った。

バス停の列に並び、ふり向く。

あの女性の姿は、人混みに消えて見えなくなっていた。

(よかった。なんだったんだろう、あのひと)

数分後、バスがやってきた。空席があって座ることができた。

扉が閉まり、動き出す。

ぴちゃっ。

びしょ濡れのおんなが目の前に立っていた。

巻く

広樹さんが小学生の頃のことだ。
父親が病気で入院することになった。
ある深夜、二階のこども部屋で眠っていると鈴の音が聞こえて目が覚めた。
一階でなにかを引きずって歩くような音もする。
母親は病院に泊まると聞いていたので、今夜はひとりで留守番だ。
(なんの音だろう?)
耳を澄ませていると、誰かが階段を上がってくる音が聞こえてきた。
やがて扉が開き、近づいてきたものが耳元でつぶやいた。
「お前、息子だな。これから巻いてやる」

（巻くってなんだ？）

足が浮き上がったと思うと、膝からぐるぐると「なにか」を巻いてきた。それは頭までくると、こめかみをぎゅっと締め付ける。

「痛い、やめて！」

叫ぶと突然、部屋の電気が点いた。そこには誰もいない。巻かれていた「なにか」など、なにもなかった。

そのとき、一階で電話が鳴った。

「広樹？　お父さん亡くなったよ」

霊媒家族

「今から悪霊を娘に憑依《ひょうい》させて除霊します。家中の窓を閉めてください」

父親の霊媒師はそう言うと、お経のようなものを唱えはじめた。

（いったいなぜこんなことになってしまったんだ……）

小学生だったワタルさんは冷めた、表情でその光景を見つめていた。

この日、夕ご飯を食べ終わる頃に来客があった。

父親、母親、娘の家族で霊媒師をしているらしい。三人とも不自然なほどニコニコ笑っているので怪しさ満点だ。

誰もいない二階で昼夜問わずなにかが走り回る音が頻繁に聞こえる――この問題を解決すべく、ワタルさんの母親が県内中を探してようやく見つけた霊媒師たちだった。

父親の霊媒師は、部屋の中を歩きながらさきほど閉めた窓のあたりに塩を置いていく。

（うそくせー）

ワタルさんは笑いをこらえるのに必死だった。

「これから、この家の中にいる悪霊たちを娘の躰に憑依させて除霊いたします。危険ですのでご家族全員ここから動かないでください」

父親の霊媒師がそう言った直後、娘の霊媒師が「あー！　きゃー！」と叫んだ。躰がぶるぶると震え、部屋のあちらこちらを睨みつけている。

そのうちに更に激しく動き出した。

すると、父親の霊媒師は娘の肩を思い切り殴りつけた。床に卒倒する娘。ワタルさん一家は唖然として見ていた。

娘の霊媒師は倒れても暴れ続けている。それを父親と母親の霊媒師が押さえつける。

そのとき、二階からバキバキバキッとなにかが落ちてくるような音が聞こえてきた。

音は一階に下りてくると、リビングに入ってくる。

風が吹き抜け、窓の外へそれは出ていった。

倒れていた娘の霊媒師が立ちあがり、部屋は静まり返った。

「終わりました」

霊媒師の家族は帰り、それきり会ったことはない。

それ以降、二階で物音が聞こえることはなくなった。

だあれ

保育士の高木さんの話である。

昼休みのとき、園児がひとりいないことに気がついた。

慌てて園内を探すと、洗濯乾燥機の前にしゃがみ込んで、扉を開けたり閉めたりをくり返している。

「なにしてるの？　危ないから触っちゃダメよ」

園児は不思議そうに中をのぞいている。

「どうしたの？」

「先生、このおんなの子、だあれ？」

暖簾

「もちろん乾燥機の中には誰もいないのよ。ちょっと怖くなっちゃった」

数日後、保育士の高木さんは同僚と一緒に、あの日のことを話しながら駅前のコンビニへ向かっていた。

「あの子、なにか見えてはいけないものが見えるのかしら」

「そんなもの、いるわけないよ。こどもの妄想だよ」

意見を交わしながらそば屋の前を通りかかったときだった。

軒先の暖簾《のれん》が、ガタンと音を立てて下に落ちた。

風はまったく吹いていない。ふたりはびっくりして顔を見合わせた。

その後、買い物を済ませ、ふたたびそば屋の前を通りかかる。

「さっきのあれ、なんだったんだろうね。また暖簾、落っこちたりして」

店先の盛り塩が、はじけ飛んだ。

「キャハハ」

おんなの子の笑い声だけがふたりの間を駆け抜けていった。

かぶさる

「起きて」

その声で小林さんは目を覚ました。

暗がりの中、おんなが立っている。黒いキャミソールに黒いホットパンツ姿。ずいぶんと色っぽい恰好だが、顔はわからない。

おんなは、小林さんが胸の上で組んでいた腕を無理矢理こじ開けると「だいすき」と言って覆いかぶさってきた。

気味の悪さと重みで「わあっ！」と声をあげた。

その声を聞いた隣室の弟が「どうした？」と勢いよく扉を開ける。

廊下からの灯りで室内が照らされる。おんなの姿はなかった。

「悪いんだけど、毛布持ってきて一緒に寝てくれないか？」

小林さんは弟に頼みこんで、この日はリビングのソファで眠った。

数日後、ＳＮＳを通して懐かしい人物からＤＭが届いた。送ってきたのは、高校時代に交際していた元カノだった。別れて三年が経つ。

束縛の強い彼女に嫌気がさし、完全に無視をするようになった。そして当時、具体的な別れ話はせずに卒業してしまった。メールや電話はすべて拒否設定にして今にいたる。

ＤＭを開いた。

「小林君、だいすき」

アイコン写真は、黒いキャミソールに黒いホットパンツ姿だった。

お経中

近所に住んでいたひとり身の叔父が亡くなった。

葬式が終わり四十九日がくるまでは毎朝、父と姉と三人で、供養のためにお経をあげに叔父の家にいくことにした。

ある日、夜勤だった父が時間に間に合わず、姉とふたりでお経を唱えていると、どこからか金属音のようなものが聞こえた。

目を開けると姉もこちらを見ている。するとまた聞こえる。例えていうなら、トライアングルが打たれるような甲高い音か。

耳を澄ますと、音の出どころはどうやら目の前に置かれた骨壺の中からのようだ。

そのとき玄関の戸が勢いよく開く音がした。

「父さんかな」

立ち上がり玄関へいくと、戸は閉まっていて父親の姿はなかった。

仏間に戻ると姉が不安気な表情で待っていた。

「なんだろう」

「わかんないけど、とにかくお経続けよう」

ふたたび手を合わせた。すると背後で畳をすって歩く足音がする。

骨壺の中からの金属音。畳の上を歩く足音。

それはしばらくの間続き、お経を読み終える少し前に消えた。

四十九日まではお経を唱え続けたが、不思議なことが起こったのはそのたった一度だけだった。

電車

高木さんは小学一年生まで、大阪の線路沿いにある借家で暮らしていた。

祖父母、叔母、両親、高木さん、妹の七人家族。

彼はおじいちゃん子で、家にいる間のほとんどの時間を祖父母たちと一緒に過ごしていた。

祖父母の部屋は線路沿いの表通りに面しており、その窓から顔を出して三時のおやつを食べることが日課になっていた。

その家は土手の上にあり、線路やあたりの景色を眺めることができる。

遠くの方からだんだんと電車が近づいてきて、轟音とともに目の前を走り去る。それを眺めることが楽しくて仕方なかった。

ある日のこと。いつものように台所からおやつを部屋に持ち込むと、窓際に立って外を見る。何気なく線路の方を見やるとひとりの男性が踏切の手前にいる。男性は両手をひらひらとさせながら躰を左右に動かしている。

「なんや、あのおっちゃん。おもろいな」

ほどなくしてカンカンと踏切の警報音が鳴り、遮断機がゆっくりと下りてきた。

踏切には五、六人のひとと車二台が停まっている。電車はどちらからくるのだろう？と左右を確認すると、左方向に電車の顔が見えてきた。急行の電車だった。

家の前をかなりの速さで通過していくのを見るのが楽しい。高木さんはわくわくしながら電車がくるのを待っていた。

そのとき踏切の方を見ると、さきほどの男性が、遮断機を持ちあげて線路の中へ入っていった。

電車は轟音を響かせ高木さんの目の前を通過した。

その直後すさまじい音とともに、顔になにか液体のようなものが降りかかった。

目の中にも入ったのか視界が真っ暗だ。

いったいなにが起こったのかはわからなかったが、自然と大声をあげて泣いていた。

「なんじゃ？　どないしたん？」

慌てて祖父母が駆け寄ってきた。

「バラバラ。おっちゃん、バラバラ」

泣きじゃくりながら伝えると、祖父は「ちょっと待っとれ」と玄関を出ていく。その間、祖母はずっと抱きしめてくれていた。

しばらくして戻ってきた祖父は「大丈夫や、大丈夫や」とだけ言って、それきり黙っていた。

この日、事故や飛び込み自殺はなかった。

くっきり

智子さんは三年前、ご主人と息子を続けて亡くした。
これから先、長い人生をひとりで生きていく未来がまったく想像できない。
自殺しようと太ももを包丁で切り裂き、睡眠薬を飲んだ。
翌朝、目が覚めた。
(——死ねなかった)
足に激痛が走る。
友人に連絡をして救急で病院へ運ばれた。
「智子、よく死ななかったね。ところで部屋に誰かいなかった?」
自殺の協力者がいたのではないかというのだ。
智子さんは自分ひとりであったことを伝えた。

すると友人は智子さんのパジャマの裾をめくった。
両足首に、大小ふたつずつ、手形がついている。
ひとつはかなり大きくて、もうひとつはこどものサイズだ。
大きな手形の薬指のあたりには、指輪の跡までくっきりとついていた。
「それ、旦那と息子だろうね。智子をどうするつもりだったんだろう」
智子さん自身もそれはわからないままだ。

石垣の家

林さんの家系では、代々長男の右手首が不自由になることが続いていた。

長男であった林さんの右手首も、結婚してからさらに症状は悪化し、奇妙な夢まで見るようになった。

その夢は、海辺で石垣がある家屋に見知らぬ老婆がいる。その老婆がこちらに向かって深々とおじぎをする、というものだ。

あまりにも頻繁に同じ夢を見るので、そのことを妻に相談してみた。

すると妻は、母親がかつて住んでいたふるさとの竹富島が頭に浮かんだと言った。

彼女の家は代々神司《カンツカサ》の家系だったが、祖母が若い頃に島を離れたのだという。理由はわからない。母親も現在は関東に住んでいる。

気になった林さんは彼女の生まれ故郷へ一緒にいくことにした。

神司であった祖母はすでに他界しているが、家はそのまま残されているらしい。

妻の遠い血縁である島の住人たちは林さん一家を歓迎し、いつの間にか島特有の宴会が開かれた。

宴は深夜まで続き、日付をまたぐ頃、林さんは解散を提案した。

向かいの家の電気が点いたからだ。

「お向かいの住人さん、起こしちゃったみたい」

「……あの家は誰もおらんはずよ」

その家こそ妻の祖母のかつての住まいだった。

確かに電気が点いたように見えた。

念のため見にいったが、真っ暗で誰もいなかった。

翌朝、もう一度その家屋へいった林さんは、気がついた。

(夢で見たのはこの家だ)

石垣の前に着物姿の老婆がいて、深々とおじぎをしていたのはここだ。

さらに見覚えのあるものがある。

屋根にあるシーサーだ。

自分の実家の玄関に飾ってあったものと、まったく同じなのだ。

竹富島から本島へ戻るとすぐに実家へいく。

シーサーはもうすでに片づけられており無造作に土蔵の中に置かれていた。

やはり島で見たものと同じだった。

林さんはそれを陶芸店へ持ち込んだ。

店主はそのシーサーを見るなり、こう言った。

「これは売り物じゃないね。竹富島あたりの瓦職人が作ったオリジナルだろう」

林さんはシーサーを持ってふたたび竹富島を訪れると、妻の祖母が住んでいた家屋の屋根に設置した。なぜか、それで解決するような気がしたのだ。


数日後、妻の母親から電話がかかってきた。

「うちの亡くなった母がね、あなたにありがとうって伝えてほしいって夢に出てきたわ。なにかしたの?」

あのシーサーがなぜ林さんの実家にあったのかはわからないそうだ。

右腕の痛みもそれ以来まったくなくなったという。

カーブ

山川さんは、知り合いが主催する飲み会でその男性と出会った。

おとなしくて気の良いひとだが、足が悪いのだろうか。

引きずるようにして歩いている。

迷ったが思い切って聞いてみた。

「足、どうしたん？」

男性は一瞬戸惑いながらも、学生の頃、やんちゃをしていてそのときの事故が原因だと答えた。そして続けた。

「俺の話、信じられるかのう」

男性はかつて暴走族に所属していた。週末になると十数名の不良仲間たちとあちこち走りにいっていた。

その日は岡山県の某ドライブラインへ走りに出かけた。

そこは急カーブとアップダウンが連続する、走り屋にとっては格好の場所だった。

片側は水資源コンビナート、もう片側は海にかかる橋。

夜はデートスポットにもなる、幾度となく走りにきている場所だ。

男性は先輩のバイクの後部座席に乗ってはしゃいでいた。

山道を登りはじめると、やがて眼下にコンビナートの工場群の夜景が星空のように広がった。

アップダウンが続く。ハンドルを握る先輩に合わせて躰を傾け、バランスを取りながら山道を抜けていった。

間もなく急なカーブだ。左は山、右は崖になっている。

そのとき「ぎゃあっ」という悲鳴が聞こえた。

バイクはバランスを崩し転倒、滑りながら山肌に激突した。男性の躰は投げ出され、アスファルトを転がって、なにかにぶつかり目の前が真っ暗になった。

気がつくと病院のベッドだった。どうやら事故で意識を失っていたようだ。

足に大けがを負ったが、命は助かった。

先輩もやはり大けがを負い、同じ病院に入院していた。

「走り慣れた道だったのにどうしたのか」と聞くと——。

運転中、右側の崖の下からものすごい速さで光の玉のようなものが飛んできたのだという。

それは、フルフェイスのヘルメットだった。中には血まみれになった顔があり、絶叫しながらこちらに向かってきた。

パニックになった先輩はハンドル操作を誤った。

バイクは山側にぶつかり、ふたりは投げ出された。

先輩は崖ぎりぎりのところで助かった。地蔵尊が建っており、その前で止まったのだ。

そこは絶景に見とれハンドル操作を誤り、追突や転落をする事故の多い場所だったことを後に知った。

地蔵尊は、鎮魂と安全祈願の意味を込めて建てられたものだった。

あのとき見たものは、崖の下へ引きずり込もうとした死者の亡霊だったのかもしれない。

「事故以来、暴走族はやめましたよ。心を入れ替えたっていうより、あの絶叫が耳にこびりついて怖くて」

男性は足を引きずりながら帰っていった。

修学旅行の夜

ヤスユキさんが修学旅行へいった夜のこと。

担任の先生が、生徒たちを集めて怪談話をすることになった。毎年の恒例行事らしい。

「これから怪談話をすることで、なにかが起こってもなにもしてあげられないよ。聞く勇気のある奴だけ残れ」

先生は怪しい目で生徒たちを見渡した。

(みんなどうするんだろう?)

すると、ひとりが立ちあがり部屋を出ていった。そのうちにまたひとり、またひとりと次々に去っていく。

ヤスユキさんもだんだん不安になり自分の部屋に戻った。

残ったのはわずか数人だったらしい。

部屋に戻ってからも怪談部屋のことが気になり、廊下からようすを窺っていた。一時間ほど経った頃、クラスで一番気の強い女子が泣きながら戻ってきた。ヤスユキさんはそれを見て怖くなり、部屋に入って布団にもぐりこんだ。

怖くて寝付けない。

隣の布団の友だちに頼んで一緒に眠ることにした。それでもなかなか眠れない。

部屋が暗いからだ。電気を点ければ怖くはない。

そう思い布団から起き上がろうとすると、すぐそばでカチャカチャと妙な音が聞こえた。それと同時に「ハッハッハ」と息遣いがして、なにかが暗い部屋の中をウロウロしている。（なんだろう？）耳をそばだてながら目を凝らす。

――犬がいる。

「あっ！」

思わず声を出すと、犬はぴたりと動きを止め、こちらを見た。

そしてウウッとうなると目の前で消えた。

翌朝、先生が話した怪談の内容を参加者に聞くと、

「うちの犬、もうすぐ死ぬよ」

そう言って震えていた。

ママ

田島さんは看護師になる前は、ほかの施設で看護ヘルパーとして働いていた。

彼女はそこで知り合った男性と結婚した。誰もが羨むような仲の良い夫婦だったという。

すぐに妊娠をして夫婦で大喜びしたが、残念なことに流産してしまったらしい。

その後も、こどもに恵まれることはなかった。はじめは優しかったご主人もこどもができないとわかると別れを切り出し、ほんの二年で離婚をした。

家族ができる――。幸せに暮らせるのだと喜びをかみしめたのは、ほんの束の間のことだった。こどもと愛するご主人を一度に失い、田島さんは自暴自棄になり、無断欠勤をくり返し家に閉じこもるようになった。

家にいる間は飲めない酒を無理矢理流し込み、部屋は荒れ放題になっていった。

ある日、また深酒をして居間で酔いつぶれていると、耳元でなにかゴニョゴニョとささやくような声が聞こえる。

聞きなれない声だ。小さくてなにを言っているのかまではわからないが、説教をされているように思えた。

田島さんは転がっていた焼酎の瓶を拾いあげると、

「うっさいわ、ボケ！　あたしはもうすぐこどものところへいくからッ」

反射的にそう叫んで投げつけた。瓶は壁に当たって粉々に砕け、破片がこちらにも降りかかった。部屋はしんと静まり返って、誰の姿もなかった。

それが最初のきっかけだった。

たまの外出をすると、行く先々で見知らぬこどもに呼び止められるようになった。

スーパーの酒売り場でその日の飲み物を物色していると突然、背後から「ママ」と声をかけられた。

ふり向くと三、四歳くらいのおんなの子がこちらを見あげている。

「迷子？」

そう聞くとおんなの子は走り去っていった。

それからも街中でなんども、別なこどもに「ママ」と呼び止められる。

小さなこどものことだ。まだ言葉も覚えたてだろうし単なる間違いだろう。でも、もしこどもがいたら可愛かっただろうな。

そう思ったその日は、珍しく酒を飲むことをやめた。

数日後、田島さんは公園のベンチに腰掛けて、ブランコや滑り台で遊ぶこどもたちをぼんやりと眺めていた。

「ママ!」

気がついたときには、小さなおんなの子が田島さんの膝に両手を載せている。

「コラ、なっちゃん。ママじゃないでしょう」

すぐに高齢の女性が駆け寄りその子を抱えあげた。

「どうもすみません」

高齢の女性は頭を下げ、おんなの子を少し離れたところに下ろす。

するとこどもは高齢の女性の手を払いのけ、泣きながらこちらに向かってきた。

田島さんはいたたまれなくなり、ベンチから立ちあがると公園をあとにしようとする。

するとその背中に声があてられた。

「ママ、いかないで！　わたしがそっちにいくから！　いかないでね！」

そのとき、あの夜のことをふいに思い出した。

耳元で誰かがささやいていた。

そして、今の言葉を聞いたのだった。

その日を境に田島さんはきっぱり酒をやめた。


ふたたび一から看護学校で三年間勉強し、看護師となった。

「今日でしばらくお別れです。明日から産休に入ります」

田島さんは再婚して、お腹の中にはふたごの赤ちゃんがいるという。

笑顔で去っていく彼女の背中に小さな影が寄り添うようについていった。

卓球サークル

シニアの卓球サークルで活動している女性の話だ。

まだ入会したばかりの彼女は、先輩たちがラリーの練習をしている間、ひとり球拾いに勤しんでいた。

拾っても拾っても次から次へと球は飛んでくる。

早く一人前になるには、この作業も大切なことだ。

それを見かねたのか高齢の男性部員が一緒に手伝ってくれた。

「ありがとうございます」

礼を言うと、今いたはずの男性がいない。

茫然《ぼうぜん》としているとそこへ別の部員がやってきた。

「ときどき、手伝いにくるの。あなたが入会する前にいたおじいさん。もう一年前に亡くなってるんだけど」

亡くなっているのに気づいていないのか。

滝つぼ

北海道のとある滝に、テレビのロケで女性タレントが訪れた。

ここは日中はハイキングコースになっており、観光客にも人気の場所なのだが、ひとたび夜になると景色が様変わりし、心霊スポットとして有名なところでもあった。

自殺者が多いのだ。

女性タレントは明るいキャラクターで人気があり、ロケ中もニコニコしながら場を盛りあげていた。

ロケが終わり、カメラの電源を落とし、現場でスタッフたちが談笑していたときだった。

女性タレントがフラフラと滝の縁の方へ歩いていった。

そこから滝つぼをのぞき込んでいる。

更に足を前に出そうとしたところでスタッフが気づき、彼女の腕を後ろから引っ張った。

「ちょっと！　なにやってんの、危ないでしょ！」

女性タレントは「今すぐに落ちなきゃって思っちゃって」とゲラゲラ笑った。

新聞配達

平成に入ってまだ間もない頃。

ヨシヒロさんは東京で新聞奨学生をしていた。

専門学校に通いながら、住み込みで朝夕の新聞配達や集金などを行うのだ。

朝刊の配達がある日は、前日は夜遅くまで遊ぶことができないし、雨が降ろうが雪が降ろうが台風がきたとしても休むことはできない。

慣れるまでがとにかく大変だった。

新聞を鉄製のポストに投函する際、フタに手の甲を挟まれて痣《あざ》になることもしばしばあった。

正直、もう辞めたい。辞めて故郷に帰りたいと感じることもたびたびあった。

ヨシヒロさんが担当していた地域はまだ昭和の面影が残る場所だった。

古い建物が並び、古くからの商店もある。

その中でも、独特な雰囲気の建物があった。

共同玄関のある長屋風の古い平屋だ。

敷地内にバイクを停め、新聞を取り出そうとしていると声をかけられた。

「おはよう」

初老の女性だった。

「おはようございます」

反射的に挨拶を返したが、おかしなことに気がついた。女性の格好だ。

白いシャツに菱形模様の入った紺色のもんぺを穿いている。

肩掛けのカバンには新聞が入っている。新聞配達員にしては、今どき見かけない配達スタイルだ。

同じ仕事をしている者はほとんど顔見知りで、誰がどこの新聞屋なのか把握しているが、女性のことは初めて見た。

「最近、入られたんですか？」

ヨシヒロさんが聞くと、女性は返事をせずにニッコリとほほ笑んだ。

「失礼します」

ヨシヒロさんはバイクにまたがり、Uターンさせて走り出す。

その背中に「あんた、がんばり！」と女性の声が聞こえてきた。

ふり向くと彼女の姿はなく、それきり会うことはなかった。

数日後、親戚の集まりで徳島県にいくことになった。

久しぶりに会う伯父や伯母も多く、挨拶をしていると、ひとりの初老の女性の姿が目に留まった。

親戚にこんなひとはいただろうかと思ったが、その顔を見て驚いた。

あの日、配達中に出会った女性と瓜二つなのだ。

「以前、東京でお会いしましたよね？」

「東京は遠くて行けんよ。ヨシヒロ、大きくなったな。元気に頑張っとるか？」

背中に当てられた「あんた、がんばり！」の声とまったく同じだった。

きっとよく似た顔の遠いご先祖が、悩んでいる自分を励ましに来てくれたのだろう。

もう少しだけ、頑張ってみよう。ヨシヒロさんはそう心に決めて東京へ戻った。

公園

林さんが高校生の頃、彼女とデートをした帰りに海の見える公園に立ち寄った。

まだ交際したてということもあり、つい話し込んでしまい、気づけばもう遅い時間だった。

公園のトイレにいってから慌てて駅に向かい、ズボンの後ろポケットに手をやると、財布がない。

用を足したときにはまだあったので、きっと公園内か駅までの道中で落としたのだろう。

「ごめん。ちょっと財布探してくるから待ってて」

「一緒にいくよ」

「いいよ。すぐ戻ってくる」

林さんは来た道を引き返した。

駅から公園までは歩いて五分ほどだ。地面をくまなく探したが、道路には落ちていない。

公園に到着すると、敷地内は暗く、誰もいなかった。昼間は人通りもあるが、さすがに夜は寂しい。

彼女といた場所を探したが見つからなかった。

林さんは最後に立ち寄ったトイレを目指し歩き出した。

トイレのすぐ手前に、中年の男性が倒れている。数分前にはいなかったはずだ。

男性は仰向けで目と口を見開いていた。

生きているとは思えない。

そのとき、ポケットで携帯電話が震えた。時刻は二十三時。彼女からショートメッセージが入ったようだ。中身は確認せずにトイレへと急いだ。

本来ならばすぐさま人命救助をしなければならない状況ではあるが、パニックになった林さんは男性の横を通り過ぎトイレに入った。財布はここにもなかった。メッセージを開くと彼女から『ウシロ、ミテ』と書いてある。

（なんのこと？　財布困ったな。諦めて彼女に金借りて帰るか。でも、あのおじさんどうしよう……）

恐る恐る外へ出ると、今いたはずの男性の姿はない。そのかわりに、林さんの財布がそこに落ちていた。

彼女にメールのことを言うと打った覚えはないと答えた。

その公園は、かつて殺人事件や強姦事件が起こった場所だったという。

眠れない

娘が「寺の鐘がうるさくて眠れないよ。今何時?」とリビングに現れた。
母親は「虫の鳴き声で目を覚ました……」と寝室から出てきた。
時計を見ると午前三時だった。
眠れなくて起きていた父親は厭な予感がした。

直後、祖父が亡くなったと電話が鳴った。

煙

一本のロウソクを囲んで三人の若者が腰を下ろした。
ひとりがぽつりぽつりと怪談話をはじめた。
暗闇の中、ぼうっと三人の顔だけが浮かびあがる。
話がはじまり五分ほど経った頃、視界に煙の塊《かたまり》のようなものが入った。
話者だけがそれに気づいていたそうだ。

小窓

田原さんという女性がひとり暮らしをしていたときの話である。

歯科衛生士の資格を取るために学校に通いはじめた。

田原さんは、休日のアルバイト代とこれまでの貯金で学費をまかなうために、家賃の安い物件を探していた。

彼女が入居したのは、単身者がほとんどの五階建てのマンションの二階だった。

ワンルームで狭いが我慢できる範囲だ。

両親はセキュリティ面などを心配していたが、立地的に実家からもそう遠くはなかったので納得してもらった。

ある夜、夕食を終えお風呂に入ることにした。

節約のため、浴室以外の電気はすべて消してからユニットバスに浸かる。

躰も温まり、タオルの準備をしながら何気なく脱衣所のドアから顔を出すと、真っ暗な廊下の奥の小窓に目がいった。

上の方から黒い影のようなものが下りてきた。

（なに？）

人間の上半身だ。上から誰かが逆さまに下りてきて窓に張りついているのだ。

咄嗟に脱衣所に隠れた。

（どうしよう、変質者だ）

しばらく部屋には入らず身を潜めて、時が経つのを待つことにした。

脱衣所を出る頃には誰もいなくなっていた。

翌朝、実家の母親に電話し、昨夜のできごとを話した。

「警察には言ったの？　上の階の住人がのぞいてたんじゃないかしら」

あのときはパニックで通報することまでは頭が回らなかった。

同じマンションに不審者がいるのは厭だなと思ったが、一瞬で冷静になった。

数日前、上の階の住人が亡くなったと聞かされていた。空き部屋なのだ。

田原さんは表に出て外側からマンションを見あげた。

二階の小窓から三階の小窓までは、かなりの距離がある。ひとが立てるようなスペースもなければ、逆さまに張りつくことなど生きている人間には到底できないことだというとことが容易にわかる。

いったいなにがのぞいていたのかはわからない。

遮光カーテンで窓をふさいでからは、気にならなくなったそうだ。

黄色いおじさん

美術教師の三上さんから聞いた話だ。

ある年、勤務する中学校に問題のある生徒が入学してきた。

不良少女というわけではない。成績は優秀だった。

問題は、美術の授業をかたくなに受けたがらないことだった。

理由を聞いても首を横に振るばかりで、三上先生は困り果ててしまった。

彼女の担任の教師に聞くと「彼女のことは放っておいてください」と冷めた言葉で返される。

ほかの教科はすべて受けるが、美術だけ受けないのだ。

(私が嫌われているのかしら)

もし、なにか原因があるのならば直したい。もう一度彼女と話をすることにした。

職員室に入ってきた彼女はこわばった表情で「先生ごめんなさい」と頭を下げる。

「謝らなくていいのよ。先生はただ理由が知りたいだけなの。もし悪いところがあるなら直したいと思うし、美術の楽しさを知ってもらいたいのよ」

「――黄色いおじさん」

「え?」

「黄色いおじさんが先生の隣に座っているから。あのひとは怖いです」

生徒の言うことがいまいち、理解できない。

「美術は大好きです。でも美術室にだけは入れないです。先生、ごめんなさい」

授業を受けたい気持ちはじゅうぶんあるという。

話を聞いていた担任は「特別に彼女は教室でひとり自習をしてもらいましょう」とあっさり快諾した。


数日後、昼休みのことだった。

三上先生は美術室で、このあとの授業で使用する教材の準備をしていた。

配布するプリントをカッターで切っていく。左手で厚手の定規を押さえ、ゆっくりと引く。

一瞬、眩暈《めまい》がしてなぜか視界が黄色くなった。

そのとたん指に激痛が走る。

気がつくと左手の人差し指の先がない。プリントは血で染まっている。

すぐに保健室で応急処置をしてもらい最寄りの病院へいった。

(自分の不注意で授業に穴を空けちゃった。悪いことをしてしまった)

指の先を縫ったが、たいしたことはない。しかし、学校へ戻ると、職員室では少し騒動になっていたようだ。

件の生徒の担任がやってくると、唐突にこんなことを言った。

「黄色いおじさん、出たんですって？」

「はい？」

目が点になってしまった。

よくよく聞くと、午前中の授業が終わり、昼休みにあの生徒が職員室にやってきた。

彼女は「黄色いおじさんが三上先生を狙ってる。助けてください」と訴えてきた。

どうしても美術室へは入ることができないという彼女は、担任に託すしかないと考えたのだろう。

担任は別の用があり、そのことを三上先生に伝えそびれてしまったとのことだった。

思い返すと、三上先生がこの学校へ赴任してすぐにオリエンテーションが行われた際、ひとりの男子生徒が突然暴れ出し倒れたことがあった。

また、別の女子生徒は教室を飛び出し、廊下に大の字になると、床に後頭部を何度も叩きつけたことがあった。生徒は自分で頭を打ちつけながらも「やめて！」と叫んでいた。どちらも美術室で起きたことだった。

もう何年の前のできごとだが、欠けた指先を見るたびに、あのときのことを思い出すそうだ。

なにをした？

昨夜あったことだ、と竜一さんというひとり暮らしの男性から連絡をいただいた。

深夜一時頃、トイレにいきたくなり目が覚めた。

用を足し、水を飲んでから寝室へ戻った彼はぎょっとした。

ベッドの上で、自分が寝ている。

竜一さんが戸惑っていると、寝ている自分の足元でなにかがもぞもぞと動いているのが見えた。暗くてよくはわからないが、ひとの形のようにも見える。大きさ的にこどもだろうか。

そのこどものような「なにか」は、ベッドに寝ている竜一さんによじ登ると、左足の上に立って飛び跳ねた。寝ている彼はウンウンうなされている。

そして見ている彼自身も、直接踏まれているわけでもないのに左足に痛みを感じる。

竜一さんは左足を引きずりながらベッドに近づき、こどものようなものを引きずり下ろした。ドスンと鈍い音と共にそれは消え、眠っていた自分の姿もなくなった。

あまりの気味の悪さに眠ることができなかった。

夜が明け、出勤準備をしていると、やはり痛みがある。

ズボンをめくると左足に痣があった。

今朝、病院でレントゲンを撮ってもらった。

「これは痛いでしょう。なにをしたんですか?」

そう聞かれたが、さすがに昨夜あったことは言えなかったそうだ。

ボルゾイ婦人

その日は朝から大雪だった。

渡辺さんは早めに家を出て職場へ向かうことにした。

途中に市営の霊園があり、その出入り口で犬を連れて信号待ちをしている老婦人がいた。

婦人が連れているのはボルゾイという犬種だ。

渡辺さんはむかしから犬好きで、その中で最も好きな犬種だった。

思わず駆け寄ってしまった。

「ボルゾイですよね？　カッコいいな。名前はなんていうんですか？　触ってもいいですか？」

興奮気味で話しかけた。

婦人は銀縁のめがねにボンネット帽子を被った品のあるひとで、丁寧な口調で答えてくれた。

わずか五分程度の立ち話ではあったが、憧れのボルゾイと優しい老婦人に会えたことが嬉しかった。

(またこの時間にここに来たら会えるかな)

翌日からは家を出る時間を更に早め、あの場所へ向かった。

毎日雪は降っているが、婦人はいつも同じ時刻にボルゾイを連れてそこにいる。

犬好きな思いが伝わり、敢えて毎日合わせてくれているのかもしれない。

一週間後の朝、雪が上がった。その日は婦人とボルゾイの姿はなかった。

(どうしたんだろう。体調でも崩されたのかな)

それきり会うことはなかった。

半年ほど経ったある朝のことだ。

霊園の出入り口で信号待ちをしている女性が目に留まった。見覚えのあるボルゾイを連れている。思わず駆け寄って女性に話しかけた。

「この子、○○ちゃんですよね！」

「え？　この子のことご存じなんですか？」

女性は不思議そうだったが、ボルゾイは渡辺さんを見てしっぽを振っている。

「はい。半年ほど前の大雪の日に、ここで会っているんです」

渡辺さんは老婦人と毎朝雪の降る中で立ち話をしたことを女性に伝えた。

女性は黙って話を聞いていたが急にハッとした表情を見せた。

「どうかされたんですか？」

「こんなことって本当にあるんですね」

「こんなこと？」

「それ、たぶん私の母です。一年前に亡くなったんです」

「え？　でも僕、半年前にここでお会いしていますよ」

渡辺さんは老婦人の容姿を女性に説明した。

銀縁めがねにボンネット帽子の品のある方だったと。

「間違いありません。私の母です」

よく見れば女性にはあの老婦人の面影がある。

半年前、女性は体調を崩して一週間ほど寝込んでしまっていた。

それまでは毎日朝と夕方に散歩に出かけていたが、どうにも躰が動かず外に出られなかった。

ふだんはおとなしいボルゾイだったが、さすがにストレスが溜まってきたのだろう、一日中吠えるようになってしまった。近隣にも迷惑をかけてしまうことになる。なんとか散歩に連れていこうと思った矢先、大雪が降った。

その日から一週間、ボルゾイは急におとなしくなり、女性のそばでスヤスヤと眠るようになったという。

「不思議だと思ったんです。外へ出ていないのに、なぜか足が濡れていたんです。きれいに拭いても次の朝また泥が付いていていて。心配した母がこの子を散歩に連れていってくれたのかもしれないわ」

女性はポケットから携帯電話を取り出した。

そこにはボルゾイとあの日の老婦人が写っていた。

選手宿舎

某競輪場でカメラマンをしている男性、橘さんから聞いた話だ。

全国に点在している競輪場には選手宿舎が併設されている。

レース期間中、出場する選手は宿舎で共同生活をする。携帯電話などは管理室に預け外部との連絡を絶ち、いわゆるかんづめ状態になる。不正防止の意味なども込められているらしい。

これまで多くの選手たちと会ってきたが、最近になってベテランの選手である松尾さんが突然こんなことを言い出した。

「関西地区の某宿舎だけは泊まりたくないんだ。なぜなら——」

今から十年ほど前のことだ。

関西地区の某競輪場でレースが開催されることになった。松尾さん含めた数人の選手たちが宿舎に泊まることになったという。割り当てられた部屋は新たに増築された宿舎の四人部屋。和室になっており、そこへ各自が布団を敷いて川の字に眠る。壁沿いにハンガーが設置され、寝間着用の浴衣がかかっていた。

部屋に入ると松尾選手は妙な違和感を覚えた。

「なあ、この部屋気持ち悪くないか?」

ほかの選手たちに聞いたが、みな首を傾げている。

その夜。松尾選手は寝苦しくて目が覚めた。足元を見ると、首から上のないガイコツのようなものが、骨をカタカタさせながら空中に浮かんでいる。しかもそれが三体、連なっていた。

驚いて飛び起きると、ガイコツはゆっくりと部屋を出ていった。ほかの選手を揺り起こし「やっぱりこの部屋おかしい! ガイコツ! ガイコツが出た!」と必死に訴えたが「夢でも見たんだろう」とまったく相手にされなかった。

すぐに部屋を飛び出し、スタッフの部屋に泊めてもらうことにした。

翌朝、松尾選手は部屋には戻らず管理室へ足を運んだ。

「部屋を交換してほしいのですが」

そう伝えると管理人は「やっぱりですか」と理由も聞かずに答えた。

通常、レース期間中に部屋を替えることは禁止されているのだが、その日の出場後に手続きをすると約束してくれた。

松尾選手は気持ちを切り替え、管理室をあとにした。

しかし、この日のレースで彼は走行中に転倒。鎖骨を折る大けがを負い、しばらくの間入院生活を余儀なくされた。

その選手宿舎は増築する際、隣の大きな土地を買い取って拡張した。工事の際、土の中から大量の人骨が掘りおこされたのだが、その骨をすべて回収し、埋葬したかどうかは不明だという。

松尾選手は現在も現役だ。

「あの宿舎のあの部屋だけは勘弁だね」

原っぱ

「父ちゃん、旅がしたい」

四十五年ほど前、笠井さんは鉄道少年だった。

夏休みにどうしても寝台列車に乗って、遠いところまでいってみたかった。

もちろん家族みんなで出かけるつもりで申し出たのだが、父親は「いってこい」と彼ひとりを送り出した。いき先は父親の実家だった。

上野駅から夜行列車に乗り、山形県の北部と秋田県の境である新庄《しんじょう》駅までいく。そこから乗り換えて釜淵《かまぶち》までいく。

駅に到着すると祖父が迎えにきてくれた。

山深い集落で二、三十軒程度ある民家の住人はみな祖父の顔見知りだった。

当時は鍵もかけておらず、近所のひとが来ては「お茶呼ばれようか」と気軽に出入りのできるのどかさが残っていた。

東京からこどもがきた。

あっという間に噂は集落中に広まったようで、同世代のこどもたちが物珍しそうに集まってきた。母親が新しく買ってくれた服や靴も都会らしさを高めていたのかもしれない。

はじめこそ好奇の眼差しで見られていたが、すぐに仲が良くなった。

毎日のように山の中へ入ってはカブトムシやクワガタをつかまえる。

川へいけば、カジカを捕まえてその場で串に刺して焼いて食べた。

都会にいるときにはできなかった遊びがほとんどで、この村のこどもたちと一緒にいることがたまらなく楽しかった。

八月も中盤に入ったある日のこと。

数人の友だちと一緒に、山の中へ探検をしにいこうということになった。

集落のはずれにある畑に脇道があり、そこから山へ入っていく。

地元のこどもらは何度も来ているのだろう、慣れたようすでどんどん前へ進んでいった。

笠井少年はあとをついていくので精いっぱいだ。

そんな彼に対し、ひとり執拗に嫌味を言う子がいた。

運悪く、この日の山歩きのリーダーがこの子だった。

道の途中で急に止まると、

「なあ、この実の名前、わがる?」

「知らない。なにかの花?」

「うわあ。ほだなこどもわがんねの? これ、野イチゴ!」

「えっ? イチゴ? 食べられるの?」

「食われるのも知んねの? んだから東京の子はダメなんだ」

あれは知っているか、これは都会にはないだろう、魚の名前も知らないのか。

そのリーダーの子はあざけるように言い続ける。

これまで楽しかった時間が台無しだ。

もう我慢の限界。歯向かう気にもなれず、急にお腹が痛くなったフリをしてひとり山を下りることにした。

リーダーの子は一瞬困ったような表情を見せたが、すぐにほかのこどもたちと先へいってしまった。

さほど深くは山へ入っていないはずだ。来た道を戻れば簡単に帰ることができるだろう。

そう思って歩き出した。

ところがすぐに考えが甘かったことを思い知らされた。

歩けども歩けども、あの畑につながる道に出ない。

体感で一時間くらい経っただろうか。数分前に通ったはずの道に戻ってしまった。

慣れない山の中で、完全に迷ってしまった。

確か来たときからずっと上り坂が続いていたはずだ。下がる方へ意識してまた歩き出す。

やがて日が傾きはじめてきた。

水筒も持ってきていない。喉はカラカラだ。

途中、気休め程度にしかならないが、ムカつくあいつに教えてもらった野イチゴで水分を摂る。

（——困ったな。もう二度と家に帰ることができないかも）

汗と涙でぐちゃぐちゃになりながら帰り道を探す。

それからどのくらい歩き続けただろうか。

突然視界が開けて、広い原っぱに出た。

風が吹いてザァッと草木がなびく。

そこに、ひとりのおんなの子がしゃがみ込んで泣いていた。

同い年くらいだろうか。

原っぱには小さなお地蔵さんが何体かあり、おんなの子はまるで囲まれるようにしてしゃがんでいる。

集落の子たちはほとんど知っていたが、初めて見る子だった。

笠井少年は迷子になった不安感と、ほかにもひとがいることによる安心感でまた涙が出てきた。今度は我慢しきれず声が漏れてしまう。涙で視界をゆがませ、おんなの子のもとへ歩み寄った。

笠井少年に気づくと彼女は顔をあげて、驚いたように立ちあがった。

この子もおそらく自分と同じく道に迷ったのだろう。

しばらくの間ふたりでただひたすらに泣いた。

おとこだからこんな情けない姿を見られたくないという恥じらいはあった。しかし、もうどうしようもなく、次から次へと涙が出てくる。

そのうちにおんなの子は泣くのをやめて、笠井少年の腕を掴んで歩き出した。背中をさすってなだめてくれる。

笠井少年は両のこぶしで涙をぬぐい「ありがとう」と言って顔をあげる。

おんなの子の姿はそこになかった。

視界の先の木立ちの脇に踏み固められた、けもの道が見えた。

おんなの子がどこへいったのか気にはなった。それ以上に自分のことで頭がいっぱいで彼女を探す余裕もなく、無我夢中でひたすら道を進んだ。

ほどなくして入ってきた畑の脇道に出た。

日暮れ前にはなんとか家に帰ることができそうだ。

その直後「おうい」と山へ一緒に入った友だちに呼び止められた。

迷子になっていたことは隠し、さきほど原っぱで会った少女のことを聞いてみたが、みなそんな子は知らないと口を揃えて言うだけだった。

家に帰って晩ご飯を食べようとして、急にあのおんなの子のことが気になり出した。

自分は今こうして無事に家に帰ってきて、お風呂にも入りおいしいご飯を食べることができる。あの子は家に帰れただろうか――。

ご飯を口に押しこむと、祖父母に今日のできごとを話す。

祖父は原っぱの地蔵尊のことを聞くと「戦争のどぎのお地蔵さんだ」と、遠い目をしてつぶやいた。

第二時世界大戦のとき、隣町に軍事工場があったため、そこを狙った空襲がたびたびあった。のどかで小さな村でも多くの死者が出た。原っぱの地蔵尊は、戦後、地元の住民たちの手によって戦没者を偲んで建てられたものだという。

祖父の話を聞いて笠井少年は、地蔵尊に囲まれるようにして泣いていたあの子が変わった服装をしていたことを思い出した。

ところどころ穴だらけになったもんぺ、頭には防空頭巾をかぶっていた。

あのときは自分のことでいっぱいであまり気にしていなかった。

すぐ隣を歩き背中をさすってなだめてくれた。何度かその姿を見ていたはずだが、なぜか顔を思い出せなかった。

今、ようやく思い出すことができた。

笠井さんはひと夏の間、村にいた。
しかしあの少女に出会うことは二度となかった。

理由

あるラジオ局に新しい社長が就いた。

しかし、社長は間もなく倒れて入院することになった。それが脳溢血《のういっけつ》なのかなんなのか誰も知らなかったが、半身不随になるほどの後遺症が残ったそうだ。

はっきりとは言わなかったが、誰もが思っていた。

（屋上の祠《ほこら》を取り壊したりするから――）

終電間際

駅前にある居酒屋で飲んだあと、改札に入ると階段を下りた。

終電ギリギリの時間だった。

「急ごう」

声をかけると友人は、階段の途中でふいに立ち止まって、後ろをふり向いた。

「なにやってんだ。時間ないぞ」

友人は一点を見つめ「なんかおかしい」と言う。

「なにがだよ」

「なんか、あそこ、変」

言われた方向を見るが、なにもない。

「気のせいだよ、マジで電車なくなるぞ」

無理に友人の腕を引っ張り、ホームに連れていき、なんとか終電に間に合った。
それだけのことが、なんとなく気になっていた。
翌朝、友人が見つめていたコインロッカーから乳児の遺体が発見された。

UFO

よく晴れた休日のことだ。

夫婦揃ってベランダでタバコを吸っていると、妻がすっとんきょうな声をあげた。

「どうした？」

「あなた、あれ見て」

空をなにかが飛んでいる。飛行機でもヘリコプターでも気球でもない。

西から東に向かってものすごい速さで移動していく。

「ほんとだ。なんだ、あれ。ＵＦＯかな」

ふたりとも大のＳＦ好きだった。映画やドラマなども欠かさず観ている。

実物を見るのは初めてのことだった。

「でも――なんか、変よ」

羽のように見える腕があり、頭、胴体、足――まぎれもなく人間だった。

東京都足立区の話である。

マタニティ

那覇《なは》市に住む鈴子さんが初めての妊娠を経験したときのことだ。

今から二十年ちかく前のことになる。

妊娠九ヵ月に入った頃、妊娠中毒症になってしまった。

大きくなった子宮で内臓が圧迫され、つわりのときのような胃の不快感や頻尿、足のむくみなどに加え、お腹に水が溜まる症状もあり、相当ひどかったという。

医者からは極力動かず休むようにと伝えられていたので、しばらく那覇市から車で小一時間ほどの浦添市にある実家に帰ることにした。

家事全般を母親がしてくれたので、ゆっくり休むことができた。体調の良いときには気分転換のため外へ散歩に出かけたりコンビニへいくこともあった。

その頃の実家周辺には高齢者が多く、若者はみな那覇や内地へ働きに出ており、同年代の知人はまったくいなかった。

ある日、散歩がてらコンビニへいくことにした。

買い物を済ませ外へ出ると、通りの向こうを若い女性が歩いているのが目についた。

お腹がふっくらとしている。

髪を後ろに一本に結び、半袖に半ズボン、足元は島草履。この辺では見かけない顔つきをしている。

(内地のひとかな。私と同じオメデタなんだ)

そう思った。

それから数日後、またコンビニの帰りにその女性の姿を見た。

やはり通りの向こう側をこの前と同じ格好で歩いている。

その後も、その女性を見かけるようになったのだが、距離が離れていることもあり会話をする機会はなかった。

何度か見かけるうちに、女性のことが気になってきた。毎回同じ服装でうつむきながら歩く彼女のことが心配になったのだ。

(なにか悩みがあるのかしら)

その日、鈴子さんは家に帰ると母親に女性のことを聞いてみた。

「この家のちかくにも私と同じく妊婦がいるんだね」

「あら、そんな子いたかしら」

「きれいなひとよ。内地からきたお嫁さんかな」

「見たことないわね。こんな年寄りばかりのところに若い妊婦さんがいたらすぐに噂になりそうなのに、ぜんぜん聞いたこともないわよ」

「でも私、ここへきてもう四回は見てるわよ。歳も近そうだし話ができたらいいなって思うんだけど」

「そうね。今度どの家のひとかお隣さんにでも聞いてみるわ」

次の日の夕方。鈴子さんは洗濯物を取り込もうとベランダの窓を開けた。サンダルにつまさきを入れ、干されたタオルに手をかけると、見知った顔が横切っていく。あの妊婦だ。

（なんだ、こんな近所なんだ）

嬉しくなった鈴子さんは「こんにちは！」と思い切って話しかけてみた。

女性は立ち止まり、鈴子さんを見る。

「何ヵ月ですか？　私、今九ヵ月なんです。同じくらいかしら」

女性はパッと笑顔を見せベランダに近づいてきた。

そのときだった。

「話しかけちゃだめよッ」

背後から母親の怒鳴り声が聞こえた。そしてその妊婦に向かって叫んだ。

「あんた、二度と来ないで！　どっかいきなさい」

鈴子さんを部屋の中へ強引に引き入れ、ピシャリと窓を閉めてカーテンを引いた。

「ちょっとお母さん、なにすんのよ！　ひどいじゃない。なんであんなこと言うのよ」

「あんた、荷物まとめて自分のアパートに戻りなさい」

「は？　なんで？　意味わかんない」

「いいから。お母さん送っていくからすぐに準備しなさい」

母親のあまりのひどい態度に腹が立ったが、ただならぬようすに圧倒され、仕方なく支度をして車に乗り込んだ。

車中ではふたりとも黙ったままだった。

那覇市のアパートへ到着すると、ようやく母親が口を開いた。

「さっき、外にいたあれ、ゆうれいよ。この前あんた、この辺に妊婦がいるって言ってたじゃない？　おかしいと思ったのよ。だってこの村にいたらすぐにわかるはずでしょ。気になって近所にも聞いてみたけど誰も知らないって。で、さっきあんたがベランダに向かってひとりでなにかしゃべってるからおかしいと思って見たら……」

「だっていたよ。母さんも見たでしょう？」

「うん。母さんも見た。あの子、六年前に死んでるの」

その女性は、内地からきた若い花嫁だった。どんな事情があったのか詳しいことはわからなかったが精神的に弱り、いつしか村を徘徊するようになった。数日の間精神病院に入院していたとの噂もあったが、お腹が目立つようになって臨月の頃、突然自ら命を絶ってしまったという。

「人違いだよ」

「しっかりしなさい。あんなところにふつうの人間がいるわけがないでしょ」

実家のベランダが二階にあったことを忘れていた。女性は干してあるタオルの隙間からこちらを見て笑っていた。

将棋盤

とある公民館で開催された怪談会でのできごとである。

客は五十名ほど入り、狭い和室の会場は満席となっていた。

話も終盤に入る頃、とある演者が語っていると客席の後方が光っているのに気がついた。気にはなっていたが口演の真っ最中である。語りを止めるわけにはいかない。

（なにが光っているんだろう？）

ちらちらと確かめた。

光っていたのは将棋盤が積み重ねられているところだ。その一角が異様にまぶしい。

語りながらも観客にバレないよう、目を凝らした。

（あれは――生首だ）

将棋盤の上に、生首のようなものが浮かび上がり、客に交じって怪談を聞いていた。

観客の誰ひとり、それに気づかないまま口演は終了した。念のため、あとで確かめにいったが将棋盤があるだけで、生首と見間違うようなものはなにもなかった。

むかし、将棋は賭け事に使用されていた時期があり、負けたものは首を斬られたという。

将棋盤の裏側には窪みがあり、そこに斬られた首が置かれていたともいわれる。そんな歴史のことを考えると、将棋盤にはなにかあるのかもしれない。

真実

新垣さんがお世話になっていた居酒屋に恵美子という客がいた。

彼女はまだ三十代にもなっていない、広島出身の女性だった。

話しても若さ特有の初々しい印象があって、愛想もよく、可愛かった。

常連たちは中年男性が多かったので、すぐに受け入れられて仲良くなった。

新垣さんは二、三杯呑んだだけで泥酔してしまうほどお酒が弱かったので、いつもはアルコールなしで食事して、おとなしく帰るような客だった。酒を呑んでいないのでノリがほかの常連と違い、楽しく騒いでいる輪の外からニコニコしながら眺めている感じだった。

あるとき、その恵美子が常連のAさんと付き合いだした。

Aさんは五十歳前でバツイチ、お金がなく仕事も不安定。見た目もパッとしない男性だったが、呑むと饒舌になり、愉快な性格に変わる。

ほかには若くて独身で男前な客もいたし、お金を持っているひともいたので（なんでAを選んだんだろう？）とみな首をひねった。

一方、Aさんの方は、缶ビールを引っかけて酔っぱらった状態でくるほど有頂天になっていた。お金がない分、節約家だったが、可愛くて若い子と付き合えて嬉しそうなようすだった。

面白くないひとたちもたくさんいた。

特にBさんとCさんはあからさまに不機嫌になった。イヤなら店にこなきゃいいのに端で座って怖い顔で呑んでいたそうだ。

そんな感じで店内はちょっと変な状況だったらしい。

あるときBさんが横に座っていた新垣さんに尋ねてきた。

「なあ、新垣。Aのことをどう思う？」

「どう思うって……楽しそうでいいんじゃないですか」

「今は楽しいだけかもしれんけど、あいつ貧乏だろ。絶対ムリだよ」

「はあ……でも、ここ安いし。大丈夫でしょう」

「なにいっていやがるんだ。恵美子は金のかかるオンナなんだよ。絶対ムリだ」

そんなことを言ってきたので、新垣さんは不思議に感じた。

(どうしてあの子がお金かかるんだろう?)

なぜなら、恵美子はどうみてもお金がかかるような人種じゃなかった。

おごられているのは何度か見たことがあった。それはハイボールを数杯程度のもので、元よりお酒は弱そうだし、高い酒をほかのお客にタカったり、別の店に誘ったりしているのを新垣さんは見たことがなかった。なぜBさんはそんなことを言ったのか。

翌日、新垣さんは仕事中にふとBさんのことを思い出し、変な考えがわいてきた。

(もしかしてBさん、みんなが知らないだけで、恵美子さんと関係があったのか?)

そんなことは邪推である。考えるべきことではない。

でも、もしそうなら、つじつまがあう気がした。

そして同じように不機嫌だったCさん。

もしや彼も恵美子と関係があったかもしれない。

人間というのは外見や言葉だけで、本質が完全にわかる生き物じゃない。

はしゃいで嬉しそうにしていても、心は冷えきっているひともいる。興味ない感じでそっぽをむいていても、実は参加したくて仕方がないひとだっている。

もしもあの恵美子が、誰彼かまわず関係を持つような子だったら——。

そう考えると今度は新しい疑問もわいてきた。

(恵美子さんは、なぜAさんと付き合ったことを公表したんだろう？　なにかみんなには言えないことが彼女にはあるのかも……)

そんなことを考えだしたが、すぐに新垣さんは頭を振って邪推を消した。

いつも輪の外からあのひとたちを眺めていただけで、新垣さんと恵美子はロクに会話したこともない。話したこともないひとのことを勝手な決めつけで想像するなんて、それは人間として絶対に良くないはずだ、そう考えて反省した。

(しばらく店にいくのはやめて、家でおとなしくしておこう)

色眼鏡でひとを見てしまい、自己嫌悪に陥るのを避けたかったのだ。


ひと月経って、久しぶりに新垣さんは店にいった。

彼はそこで常連たちからとんでもない話を聞くことになった。

BさんがAさんを車で轢《ひ》き殺そうとした、というのだ。

「な、なんだそれ？　どういうこと？」

店で泥酔したAさんが家路についたところを狙っての犯行らしい。

運悪くか良くか、どちらかわからないが、たまたま通りかかったパトカーに目撃され、Aさんはすぐに救急車で搬送、Bさんはその場で逮捕された。

「逮捕って、もしかしたら故意じゃないかもしれないのに？」

常連たちがため息を吐きながら続ける。

一度、Aさんを跳ね飛ばしたあと、バックと発進をくり返して何度も何度もAさんを轢いたというのだ。

Aさんはかなりの重傷をおったが、かろうじて命をとりとめた。

Bさんは Aさんに気づかなかったと言い張っているらしい。

そんな言い訳もパトカーの車載カメラが証拠になり通用しなかった。

しばらく唖然としたあと「恵美子さんは大丈夫なの？」と新垣さんは尋ねた。

彼女はその前日以来、店にきていないらしい。

（どういうことだろう……？）

みんなで話しているなか、店の大将が割って入ってきた。

「あの子さ、ちょっとおかしいと思ってたんだよね。なにかまとわりついてくるというか、気持ち悪い馴れ馴れしさみたいなのがあって――実はさ、昨日、刑事がきたんだよよ。広島からさ。この子知らないか？　って写真を見たらさ」

それは紛れもなく恵美子だったという。

「刑事が言うには、犯人ではないんだけど、広島であった傷害事件の参考人だとかなんとか。なんか気味が悪いよね……その写真も変だったし」

刑事が見せた写真の恵美子さんは間違いなく恵美子だった。しかし、耳のあたりまで口が裂けているような顔だったというのだ。

「オレが携帯で撮った写真もなんかヘンなんだよ。ほら」

大将は携帯の画面を見せた。顔を赤らめ、笑っているAさんの横にいる恵美子――。

その顔は黒く塗りつぶされ写っていた。

「何枚か撮ったんだけど、全部これなんだよ。なんだろうね、これ」

「恵美子さんは今どこにいるか、わからないんですか？」

「わかんねーんだよ。ほかのお客も連絡がとれなくなったって言ってるし。Aがいる病院にも現れていないらしい。いったいなにがどうなってるのか……」

「ほかに知っていそうなのは……」

考えた新垣さんはひとりの人物を思い出した。

「そうだ、Cさんだ！　Cさんはなにか知らないのかな？」

大将も常連たちも顔を見合わせて「なんでCさん？」と新垣さんに聞いてくる。

「不機嫌そうだったし……別に理由はないけど、なにか知ってそうだと思って」

「いやさ、オレたちも知らなかったんだけどさ、Cさんって警察官だったんだよ」

「え？　警察官？」

「BがAを轢いたところにたまたま通りかかったパトカー。それ運転していたのはCさんだったんだよね。イヤな偶然だよな」

「それ……本当に偶然ですか？」


恵美子は現在に至るまで行方をくらましたままだという。

豆大福

その男性がある夜、ひとりで留守番をしていると、いつの間にか眠っていた。

玄関が開く音が聞こえる。誰か帰ってきたのだろうか。

廊下を歩く足音は両親のものでも姉のものでもない。

リビングの扉が開けられた。

顔が膨れ上がったおとこが、悪臭を放ちながら部屋の中に入ってきた。

まるで豆大福のような顔——男性は悲鳴をあげた。

「うわあッ」

目が覚めた。夢か。気持ち悪かった。なんなんだいったい。

そこへ、出かけていた姉が帰ってきた。

「姉ちゃん、キモい夢見た。部屋ん中に、顔がぶよぶよのキモい奴が……」

男性は、姉に自分が見た夢を説明した。

「あっそ。てゆうかこの部屋、臭い。なんか腐ってるにおいするんだけど、なんなの」

夢の顔を思い出して、吐き気を催した。

以来、豆大福が食べられなくなったそうだ。

ひとりで住む

宮本さんは離婚後、埼玉県狭山《さやま》市に越してきた。

入居したのは築三十年のマンションだった。駅前から続く商店街のそば、立地もよくほかの部屋も満室になっていた。玄関を入ると左側にミニキッチン、右側はユニットバス、奥の扉を開けると六畳のワンルームのリビングにロフトが付いていた。きれいにリフォームもされており、ひとりで暮らすにはじゅうぶんな広さだった。

入居前に購入した冷蔵庫は予想外に大きかったので、リビングに設置することにした。その横にロフトへあがる梯子がある。これまでは一軒家に妻と娘の三人暮らしだったのでこの構造の住まいは初めてのことだった。

梯子を上がったロフトも六畳はあるが、天井が低いので寝室として使用することにした。ひとりでここまで布団を運びあげるのは手間だったが、いざ寝床を作ってしまえばまるで隠れ家のようでワクワクした。

もちろん、突然ひとり身になった淋しさはあったが、その代わり自由に時間を使うことができる。仕事が休みの日には昼過ぎまで寝て、横になりながらゲームもできる。快適な暮らしですぐにこの生活にも慣れた。

ここに越してきて数日が経ったある晩。

次の日の仕事に備え、宮本さんは早めに布団にもぐりこんだ。横になってすぐに妙なことが頭に思い浮かんだ。

(梯子の下から誰かがこちらをのぞいたりしたら……厭だな)

今まで一度も考えたこともなかったことだった。

急にこのロフトにいることが怖くなった。灯りを点けると布団を下へ運んだ。

翌日、すぐにソファベッドを購入し、ロフトは使わずにリビングで眠るようになった。

にぎやかだったこのマンションの静けさに気がついたのは、入居して一年が経った頃のことだ。

同じフロアには六部屋が並び、入居当初は満室になっていた。

両隣からは多少なりとも生活音が聞こえていたはずなのだが、いつの間にか出ていったようだった。はじめは両サイドだけだと思っていたのが、どうやらほとんどの部屋が空いているようだ。仕事が忙しく疲れもあり、帰宅するとすぐ眠っていたのでその異変に気がつかずにいた。

ある晩。コツッとなにかが窓に当たったような音がして目が覚めた。うつ伏せに寝返って窓を見る。灯りは消して眠っていたがカーテンの隙間から月明かりが差し込んでいた。

（なんの音だろう?）

不思議に思っていると、ベランダの外に誰かがいる。いるというよりもぶら下がっていた。スーツを着て革靴を履いている。やがて「それ」が窓を通り抜け、部屋に入ってきた。

顔は見えない。見えるのは肩から下だけだった。頭の部分は天井に埋まっている。空中を歩き宮本さんの頭上をスタスタと越え、壁の中へと消えていった。

その頃から宮本さんは体調を崩しはじめた。心身症の疑いもあり、しばらくの間休職することにした。

思うように躰が動かない。一日の大半をソファベッドで過ごすようになっていた。

また、ここのところ部屋の中でにおいがする。はじめは気のせいかと思っていたが、だんだんときつくなってきた。タバコだ。これはタバコの煙のにおいだ。

だが、彼は吸わない。近所から漂ってくるものかと窓を開けてみたが外はまったくの無臭だった。しかし、部屋の中はにおう。部屋全体でなく、一ヵ所だけ強烈ににおうのだ。探すとそれはソファベッドからのように思えた。それが何日も続いた。

宮本さんは病院へいき医者にそのことを相談した。

「幻臭でしょう」

医者はさらりと言った。

「実際にはないにおいを感じることです。今、病気のこともありますし、ナーバスになっているんだと思います。ゆっくり治していきましょう」

そう言われ一度は納得して帰宅したが、それからも変わらなかった。

あるとき、離れて暮らす娘がひとりマンションへやってきた。

久しぶりに会う娘は少し背が伸びていた。別れた妻が持たせたのだろう。手土産に好物のぶどうを持ってきてくれた。

「狭くてごめんな。適当に座って。ジュースでいいか」

コップにジュースを注ぎ、ふり向くと、娘がソファベッドに顔を押し当てている。

「パパ、タバコ吸ってるの？」

訝《いぶか》し気な表情でこちらを見た。やはり幻臭ではない。これは確実にこの部屋のこのソファベッドから発されているのだ。

毎日このにおいを嗅いでいるうちにあることに気がついた。

一定の時間だけにおい、ぱたりと消える。それがくり返されるのだ。

宮本さんはメモを取ることにした。するとぴったり十分毎に強くにおう。こんな正確にタバコを吸うひとが近所にいるだろうか。においがするたびに窓や玄関を開けてみたが、やはり外はまったくの無臭だ。この部屋のソファベッドの一角からのみ強烈なにおいを発していた。

そのうちに、それは線香のにおいに変化した。これまでは強烈なタバコ臭だったのに。ときどき遊びにきていた娘も怖がって寄り付かなくなってしまった。

住みはじめて二年が経った頃。あまりの静けさを疑問に感じるようになって、マンションに住んでいるのは、自分ひとりになっていたことに気がついた。

このマンションの向かいには別のアパートが建っていた。さほど距離が遠くないのでプライバシーのために住人はみなカーテンを閉めて中が見えないようにしていた。

向かいも満室だった——はずだった。ところがすべての部屋が空き室になってカーテンがかかっていない。この建物も向かいのアパートにもいつしか誰も住人の姿はなくなっていた。

なにかあったのではないかと事故物件サイトやこのあたりの歴史など調べてみたが、なにも情報は得られなかった。

今現在も宮本さんはそのマンションにたったひとりで住み続けている。

「慣れるんですよ、人間て。天井に首が埋まった男は相変わらず部屋を通り抜けるし、線香のにおいもするし。あ、そうそう。最近は両隣が騒がしいです。誰もいないのですが」

体調はよくなり、職場には復帰したそうだが、今も部屋での現象は続いているという。

それでも引っ越す気はまったくないようだ。

春田春子

ある家で、毎年夏の終わりの八月三十一日に、部屋の中を白い影のようなものが動き回る。

それはずっと続いていた現象だったため、家族の誰も気にとめていなかった。

ところが、ある年の八月三十一日のことだった。

珍しく早めに仕事から帰宅した父親のヤスオさんは、廊下の方をじっと見つめ、突然こんな話をはじめた。


ヤスオさんが小学六年生の頃のことだ。

その年、他県から転校生がやってきた。

「春田春子」さんという子だった。

名前の中に「春」がふたつ入っているという理由で、彼女はすぐにイジメの対象になった。休み時間になると、数名の男子生徒が彼女の机を取り囲み「変な名前」と毎回、同じ内容で飽きもせず、からかい続けた。

やがて彼女の母親は男グセが悪いのだという噂が広がった。

何度も結婚と離婚をくり返し、腹違いの兄弟も何人もいたのだ。最近一緒になった男の苗字が「春田」だった。好きで付いた名前ではない、偶然「春田春子」になってしまったのだ。

彼女は毎回からかってくる男子に無関心だった。

常に涼しい顔をして動じることなく無視を続けていた。

そのうちに男子たちも飽きたのだろう。すぐにターゲットを別にした。

ヤスオさんは、いつもひとりでいる彼女に興味を惹かれた。

きっかけは忘れたが、話してみると気さくで勉強もできたし運動神経も良いということがわかった。すぐに仲が良くなり、放課後はよく遊んだ。

一緒に帰るところを見られると、またあのくだらない連中にからかわれるので、学校の近くの大きな桜の樹の前で待ち合わせをして遊ぶようになった。

春子は家にはいたくないという。ヤスオさんは時間の許す限り彼女と遊んだ。

夏休みを間近に控えたある日。

「ヤスオ君、明日の夜中、ふたりで学校に忍び込もうよ！」

「えっ？　夜中に学校に侵入するの？　バレたらマズいんじゃない？」

「平気よ。あたし、ひとりで何度も入ってるよ」

ヤスオさんはこれまで親や先生の言うことをしっかりと守ってきた。

悪さといえば、とんぼの羽を生きたままちぎったくらいしかない。

夜の学校に入ってみたい。冒険もしてみたい。

「わかった。いくよ」

「じゃ、夜の0時にいつもの桜の樹の下でね」

家に帰ると、いつ家族にバレるのではないかと気が気ではなかった。

夕ご飯を食べ、風呂に入ると一気に眠気が押し寄せてくる。

当時そのあたりでは夜も十時を過ぎれば真っ暗だった。

家族も寝静まり、ヤスオさんは眠たい目をこすりながらこっそりと家を抜け出した。

桜の樹の下ではすでに春子が待っていた。そこから走って学校を目指す。

正門には鍵はかかっていなかった。鉄製の門をふたりで開ける。

当然、校庭も校舎も真っ暗だ。

「ここが開いてるよ」

春子は慣れた手つきで教室の中へ入って手招きをした。

それに続いてヤスオさんも中へ入る。

真夏ではあったが、ふだん日の当たらない二階の廊下はひんやりとしていた。

昼間見る学校とはまったく違う不気味な雰囲気に、さすがに身震いしてしまう。

「ヤスオ君、鬼ごっこしよっ！」

春子が走り出し、反射的にそれを追う。

彼女は真っ暗な階段をかけ上がっていった。二階へあがると、窓から差し込む月の光で校内は薄っすらと明るくなっている。

廊下の中ほどで春子は待っていた。

「あのね、夏休みが終わったら、また引っ越すんだ」

月明かりに照らされ、彼女はつぶやいた。

突然のことでヤスオさんは言葉が見つからなかった。

彼女が転校してきてまだ数ヵ月だ。もっと遊びたかったたし、知りたかった。

ふたりはしばらくの間、沈黙したまま窓から月を眺めていた。


それからまた暗い校舎で競争をしたり、後ろからいきなり驚かせたりして散々遊んだ。

帰り際に春子が、夏祭りにいこうと提案してきた。

地元では有名な祭りだ。ヤスオさんは二つ返事で約束をした。

夏休みがはじまり、楽しみにしていた祭りの日がやってきた。

いつもの待ち合わせ場所、桜の樹の下で彼女と合流した。

春子は元気がなかった。顔に紫色の痣ができている。

「それ、どうしたん？」

「ヤスオ君、ゆうれいって信じる？」

突拍子もない言葉に度肝を抜かれた。

「信じてねーよ！　見たことないし」

「そっか。じゃ、いこう」

春子が手を引いた。砂利道を走っていくとだんだんひとが増えてきた。

金魚すくい、ヨーヨー、型抜き、たくさんの露店が出ていた。

彼女は顔の痣についてはなにも言わなかった。

(夏休みが終われば、お別れか――)

淋しさがこみあげてくる。

あれこれ屋台を見ながら、少ない小遣いで精いっぱい遊ぶと、別れる時刻になった。

「じゃあ、さよなら」

いつもなら、必ず次の約束をしてから解散をするが、この日は互いに口に出さなかった。手をふる彼女の後ろ姿を見送り、ヤスオさんは家路についた。


夏休みが終わり、新学期がはじまった。まだ日差しも強く教室は蒸し風呂状態だった。

ホームルームの時間に、担任が神妙な面持ちで話をはじめた。

(春子の引っ越しのことか)

頬杖を突きながら聞き耳を立てる。

「春田春子さんが、昨日亡くなりました」

春子は夏休み最終日の昨日、首を吊って亡くなっているところを発見された。

場所はいつもの待ち合わせ場所である桜の樹だった。

「今日は、春子の命日なんだよ」

家族は初めて聞く話だった。

「あのとき、ゆうれいは信じないと言ったから〝いるよ〟と自分自身で伝えにきているんじゃないかな。夜の学校で遊んだときのように走りまわってるんだろう。あいつ、驚かすの好きだったからな」

ヤスオさんは懐かしそうに廊下を見つめてほほ笑んだ。

開かずの間

岐阜県の古民家で怪談ライブが開催された。

語り手は三名で、実話怪談や古典怪談など、おのおのの得意な演目を順番に披露していく。

最後の話がはじまって数分後、場内がどよめいた。真っ暗な客席に、手首が浮かんでいる。客の中にも見えたひとが何人かいたのだ。手首はだらんと垂れた状態から形を変え、人差し指で二階を指さす。とたんにバタバタと足音が聞こえた。明らかにネズミや猫とは違う大きさだ。観客のほとんどが、二階を見あげている。

「この上、どなたかいらっしゃいますか？」

語り手が高座から古民家の女将さんに聞く。女将は青い顔をして首を横に振った。

「きゃっ」

客席から悲鳴が聞こえた。服を後ろからなにかに引っ張られたという。


二階の足音はしばらくの間、聞こえ続けた。

この古民家は、築百五十年ほどで元々紙問屋だった。

かつては多くの商人たちが出入りをしており、丁稚奉公《でっちぼうこう》にきていた少年もいた。

ある年、ひとりの丁稚が伝染病にかかり、二階の一室に隔離された。

窓のない真っ暗な部屋で、満足に食べ物も薬ももらえず絶望のなか亡くなっていったという。少年の死後、ゆうれいの目撃談があり、隔離されていた部屋は鍵がかけられ、長い間封印されていた。

最近になって、現在の女将がこの古民家を買い取り、カフェを経営しはじめた。

怪談会を催すことが決まり、その記念に封印されていた開かずの間を開けた。

自由の身となった少年が、二階を走り回って遊んでいたのではないかと女将は言う。

参加者のほとんどがこの足音を聞いており、イベントは毎年開催されることとなったが、翌年以降、足音はしなくなり手首を見る者もいなかったという。

旅行

手紙

フリーターの清水さんは、アルバイト先で知り合った英子さんと意気投合し、ルームシェアをすることにした。

関西に住んでいた英子さんのアパートに、清水さんが転がり込むような形だ。

彼女とは出会ったときから気が合い、四六時中一緒にいても飽きなかった。バイト終わりでも毎日遊んでいた。

ルームシェアをはじめて数日後、思いつきで記念の旅行へいこうという話になった。

行き先は北国だ。ふたりで手分けをして、旅の計画を立てた。

旅行当日の朝、最寄りの駅までは英子さんの車でいき、パーキングに停めて電車で空港へ向かうことにした。

英子さんは三年ほど前に中古車を購入したのだが、急にガタがきて旅行から帰ってきた日に廃車が決まっていた。

そのため、クリーニングを済ませ、予備のタイヤも数ヵ月前に使っていたので、車内は空っぽの状態になっていた。

駅まで向かう道中が、この車に乗る最後の思い出となった。

パーキングに到着し、荷物を下ろしていると、スーツケースの下に一通の封筒が置いてあることに気がついた。積み込むときにはトランクは空っぽだったのだが拾いあげると、ピンクの封筒に【あやこより】という丁寧で力強い文字が書かれている。

「英子、手紙が置いてあったで」

「え？　どこに？」

英子さんは怪訝《けげん》な表情で手紙を受け取ると、首を傾げた。

「なんやろう？」

車内は清掃済みで荷物を載せるときにもなにもなかったのをふたりで確認している。

「あやこって誰？　こどもの字すぎへん？」

裏返すとしっかりと封がされており、未開封のようだ。

シール部分が黄色く変色しているところを見ると、かなり古いものなのだろう。

しばらくの沈黙のあと、時間も迫っていたので電車の中で読むことにした。

封を開けると二枚の便せんが入っていた。


【ぱぱとままがわたしにはないしょであなたをすてます。だからあなたとはばいばいです。でもあやこはいままでもこれからもずっとずっとずーっとあなたがだいすき。あなたのうでもかおもおしりもぜんぶだいすき。いろんなところへつれていってくれてありがとう。いままでありがとう】


「なんやろう、これ」

手紙の二枚目には稚拙な絵が描かれていた。

ウインクをしたおんなの子の隣に車の絵――英子さんが乗っている車だ。

「もしかして、車へのラブレターやろか」

「かわいいな」

「前の持ち主のこどもやろうか」

「あれ？　でもナンバーがちがうよ」

「ということは、もっと前の持ち主やろか」

前の持ち主も、英子さんも引き渡しの際にクリーニングをしている。

なぜ、今になって突然その手紙が出てきたのか。

「あれ？　まだなんか書いてある」

【あなたのことをすてるけどもうころさないでね】

三〇五

旅先には昼過ぎに到着した。

ふたりとも初めて来る土地で、昼も夜も遊びつくそうと計画を立てていた。

食べるものにお金をかけたい。泊まるホテルは寝るだけだからと安いところを調べていた。一般的には安くともひとり五千円はかかりそうなものだが、格安の部屋を見つけることができた。

市街のど真ん中で利便性も良いのに、ふたりで三千円、喫煙も可能だという。朝食はつかないが元々外で食べる予定だったので最高の条件だった。

チェックインすると、ごく普通のビジネスホテルといった感じだ。

部屋に荷物を放り込んですぐに街へでかけた。

北国といえば海鮮だ。ウニ、イクラ、まぐろ、どれもほかでは味わうことのできない美味しさだ。食べ物にはお金を惜しみなく使い、お腹が破れるかと思うほど食べつくした。

次は夜の街に出かけようと、休憩と着替えを兼ねて一度ホテルに戻った。

部屋に入ると、急に躰が重くなった。

そのうちに、喉の奥がひりひりとしだした。

せっかくここまで来て申し訳ないとは思ったが、躰が思うように動かなくなってきた。

「英子ごめん。さすがに食べすぎたかも。ちょっとだるいからもう少し休んでからでもいいかな」

「実はあたしも躰がだるくて。やっぱり今夜はホテルでゆっくりしようか」

海鮮アレルギーかと不安になりながら、シャワーを浴びてベッドに横になった。

今日撮った写真を見たり、ＳＮＳのチェックをする。

お互い無言でもまったく気にならないほどの落ち着く間柄だ。

それにしても喉が変だった。

風邪のときとは異なる痛みだ。今まで経験したことがないほど苦しい。

明日もあるし、旅先で病院というのもいかがなものか。考えていると「カチッ」と音がした。

部屋の電気が切れて一瞬真っ暗になったかと思うとすぐに点灯した。

電気のスイッチは、出入り口のドアにひとつしかない、古いタイプのものだ。

ここには当然、清水さんと英子さんしかおらず、ベッドに横になっていた。

ふたりは無言で顔を合わせたが、そのまま携帯に目線を落とした。

ガチャガチャとドアノブが回され、音の大きさにふたりとも反射的に声が出た。

直後、なにかを引きずるような音がすぐそばでする。明らかのこの部屋の中だ。大きな物がドアの方に向かって移動していく。音は、ドアに当たって静まり返った。

今、目の前で異様なことが起きているにもかかわらず、なぜかふたりはなにごともなかったように無言のまま、ふたたび携帯に目線を落とした。

一通のメールが入っている。滅多に連絡をとらない兄からだ。

本文は書かれていない。空メールだ。

すぐに電話をかける。

「お前、大丈夫か？」

第一声がそれだった。

「なにが？　それより今、どこにおると思う？　なんと今、北国へきています！」

旅行自慢をしようとテンション高めにそう言うと、兄は言葉を濁した。

「そうなんや。無事ならいいんやけど」

「なに？　なんかあったん？」

「さっき、夢を見たんやけど、お前が狭いところにおって。俺に向かってめちゃくちゃ叫んでるんやけど、なに言ってるのかわからんねん。ときどき単語のようなものが聞こえるてくるんやけど、さんご？　とか、○○さんとか、苦しい、とか、よく聞こえへんくて。必死で叫んでるんやけど、なんか気持ち悪いなあと思ってな」

「なに、さんごって。兄貴、奥さん臨月やし、『産後に気をつけろ』って意味なんちゃう？」

「そうなんかな？　でも気になるねん。お前のことが」

「心配しすぎやって。シスコンか」

そのとき、「カチッ」と音がして、部屋の電気がまた消えた。

隣のベッドにいた英子さんがうなり声をあげる。

ふたたび電気が点くと、英子さんは「くるしい……助けて……」とつぶやいた。

「兄貴、やばい。友だちが」

「お前いま、どこにおるんや。ホテル名教えろ」

兄に居場所を伝え、救急車を手配し病院へ向かった。

清水さんも喉の痛みがあったので、診察してもらおうと思ったのだが、救急車に乗り病院へ着く頃には、なぜかふたりともケロッとしていた。

念のため診察を受けたが健康状態にはなにも異常はみられなかった。

病院のロビーから兄に電話をすると「ホテルには戻るな」と言う。

兄は、なぜか妹の清水さんの居場所が気になって胸騒ぎがしていたらしい。ホテル名と部屋番号を聞き、すぐにインターネットで検索をすると、ある事件がヒットした。

二十年ほど前、関西から修学旅行にきていた女子高生がホテル内で死亡した。死亡理由は放火自殺だった。部屋の出入り口付近をソファでふさぎ、火を放った。同じ部屋で就寝していた同級生も、大量の煙を吸い込み巻き添えで亡くなった。あちらこちらにマッチが散乱し、関西から持参してきたと思われる新聞も見つかった。事件当初、自殺を図ったとのことだったが、当時流行《はや》っていた黒魔術を行っていたとも噂された。


部屋には放火をほのめかす遺書のようなものも残されていた。

事件が起こったのは、繁華街からほど近いホテルの三〇五号室。

現在は別のホテルが買い取り、経営者は変わった。

その改装後のホテルに清水さんたちは泊まっていた。彼女たちが借りた部屋は三〇五号室。二十年前に少女たちが焼け死んだ部屋だった。

「お前が夢で叫んでいた言葉、やっとわかったよ。『さんご』じゃなくて、三〇五だ。三〇五、苦しい、助けて、そう言っていたんだ。とにかくその部屋はやめておけ」

清水さんたちは、ホテルに戻るとすぐに荷物をまとめたそうだ。

居酒屋

楽しみにしていた旅行は散々だった。
翌月、清水さんは英子さんを実家に招待することにした。
親友に地元を見せたかったのだ。
実家に戻る前に、地元の友人と合流し、英子さんと三人で行きつけの居酒屋へ入った。
清水さんは酒は飲めないのだが、この店の雰囲気が大好きだった。
六十過ぎの大将が個人で経営している。
カウンター越しに調理をしながら元気よく迎えてくれた。
「いらっしゃい！」
カウンターを通り過ぎ、奥の座敷へ案内される。
団体客でもない限り、ふだんは使用されていない部屋だ。
パートの店員もみな気さくでまるで身内のように接してくれる。
すぐにお冷を運んできてくれた。お冷は四つあった。
「いやだ、もう。あたしったら勘違いして、ごめんね」

すぐにひとつ下げられた。

ここへ来るまでの車中、地元の友人には旅行でのことを話していたので、出されたお冷を見て青ざめていた。極度の怖がりなのだ。

「偶然だよ」

料理が運ばれてくると、友人の機嫌もよくなり、英子さんともすぐに打ち解けたようすだった。

会話も弾み、閉店まで店で過ごし、会計を済ませる。

靴を履いてカウンター前を通りかかると、大将が声をかけてきた。

「おい、もうひとりは先に帰ったんか?」

大将の言葉に、英子さんたちは固まっている。

「初めから三人だったよ」

清水さんが答えると、パートさんたちが集まってきて口々に言う。

「そうなのよ。あたしも四人だと思って、お冷四つ持っていったんだから」

「あたしも醤油皿四つ用意した。持っていく直前『三つやったわ』ってなったけど」

「一緒に入ってきたよね? おとなしそうな子」

実家

恐がりな地元の友人はそそくさと帰っていった。

実家へ戻ると両親はちょうど眠るところだった。

リビングでしばらく英子さんと会話し、先に彼女に風呂を勧め、そのあとは二階の自分の部屋で休むよう伝えた。

「ここがあんたの部屋か。ベッド借りるわ」

「ごゆっくり」

清水さんは一階へ降り、風呂に入った。

英子さんとは気が合う。明日は家族と一緒に朝食を食べよう。

あれこれ考えながら風呂を上がりリビングへいくと、真っ暗になっている。

その暗闇の中、英子さんが床に座ってぼんやりとしている。

「あんた、そこでなにしてるん？」

清水さんが聞くと英子さんはしがみついてきた。

彼女は清水さんが一階へ下りたあと、ベッドに横になり、携帯でメールのチェックをしていた。

すぐに一階から誰かが上がってくる足音が聞こえてきた。

(あれ？　清水かな？)

軽快な速さだ。ところが違和感がある。

(階段、こんなに長かったかな？)

いつまで経っても上がってこない。耳をそばだてると、風呂場からは風呂桶が床に当たる音が鳴り響いている。つまり彼女は風呂に入っている。

ご両親が下りていった音はしなかった。ではいったい誰が――。

「カチッ」と音を立てて、部屋の電気が消えて、真っ暗になった。

廊下からは灯りが漏れている。この部屋だけが暗いのだ。

意を決してドアを開け、一階へ降りると、リビングの灯りも突然消えた。

「旅行にいってからおかしいよな。なんか連れてきたんやろうか。そもそも旅行にいく前から変なことたくさんあったのに、なんでうちら無関心やったんやろ」

彼女は半泣きだった。

その後、シェアするマンションに戻ってからも不可解なことが立て続けに起こった。ラップ音や室内を叩く音、キッチン脇を黒い影が横切るなど数えればキリがないほどさまざまなことがあった。

あれほど仲が良かったが、どちらからともなくルームシェアを解消したそうだ。

近道

清水さんにはもうひとつ妙な話がある。

彼女が中学生の頃でお兄さんが体験したことだ。

当時、お兄さんは二十代前半でペットショップの店長をしていた。

はじめはアルバイトとして働いていたが、勤務態度もよく、店長に抜擢された。

人柄がよく、動物好きで客からの信頼もあつかったのだ。

店長になると更にやりがいを感じたようで、帰宅してからも職場の話をたびたびしていた。

ところが、ある日突然仕事を休むようになった。

話好きでいつも家族のムードメーカーでもあったが、笑わなくなり、話すこともやめた。

どこか、体調でも悪いのだろうか。それとも職場でなにか悩みでもあるのだろうか。

家族揃って彼を心配した。

ある日、清水さんはお兄さんの部屋へいき、理由を聞いてみた。

「兄貴、どっか具合悪いん？」

お兄さんは一瞬困ったような顔をしたが、重い口を開いてこう言った。

「怖がらせたくないから黙っとったんや」


彼は職場まで毎日、大通りを二十分ほどかけて原付バイクで通っていた。

そのうちに、近道があることに気がついた。

そこを通れば五分は短縮することができるので、頻繁にこの道を使用するようになった。道の片側には川が流れており、反対側は小高い丘と森になっている。そのそばには墓地が広がっていた。

この通りにはほとんど街灯はなく、夜になるとひっそりと静まり返る。

ある夜、閉店作業を終え職場を出たのは十時頃だった。

少しでも早く躰を休めたかったため、件の近道を通って帰路につくことにした。

原付を走らせていくと、墓地が見えてきた。人通りはまったくない。

真っ暗な一本道にバイクのエンジン音だけが響き渡る。

風が出てきて木々がざあっと揺れはじめた。

ライトは視界の先を照らしていく。

ふと見ると、墓地へと続く脇道に誰かがいることに気がついた。

小さな街灯の下にぽつんとひとりの女性が立っている。

ワンピース姿で髪はボサボサだ。腰は少し曲がっているようだ。

お兄さんはその姿を見てぎょっとした。

女性は墓地に向かってお辞儀をしているのだ。

(気持ち悪っ)

一瞬そうは思ったが、近くには数軒民家もある。近所の住人だろうと女性の後ろを通り過ぎて帰宅した。

ところがその後、頻繁にその女性を見かけることになった。いつも時間はバラバラなのだが、決まって墓地への脇道でお辞儀をしている。必ず同じところにいるのだ。

だんだんと気味が悪くなってきた。

（もうあの近道を使うのをやめよう）

そう思うのだが、なぜかそのことを忘れて毎回あの道を走ってしまう。そして通る度に墓地に向かってお辞儀する女性に遭遇し、後悔をする。

そんなことがしばらくの間続いていた。

そのうちに、自分の行動までもが怖くなってきた。帰りが遅くなる日には絶対にあの道を通ることはやめたかった。

しかし気がつくと、またそこを通っていた。

（しまった！）

時刻は夕方六時だった。春先でまだ日は沈んでいない。

戻るのも面倒だ。もしあのおんながいても、視界に入れないようにすればなんとかなるだろう。しかもまだ辺りは明るい。彼は引き返さずにその道を進んだ。

やがて墓地が見えてきた。いつもの場所に、女性の姿はなかった。

ほっと胸をなでおろし、アクセルを回す。

そのとき何気なくミラーを見ると、こどもが手をふっている。

西日を背にしており、表情は見えなかった。

（あれ？　あの子、いつからいたんだろう）

なぜこどもに手をふられたのかはわからなかったが、女性の姿を見なかったことに安堵し帰路についた。

数日後、彼はまたあの道を走っていた。

（うわ、またやっちゃった。学習能力ゼロやな）

腕時計を見ると、夜九時を過ぎていた。あたりは真っ暗だ。

墓地へと続く同じ場所に、あの女性がいた。

それが視界に入ったとき、自分の行動を呪った。

バイクは次第に女性に近づいていく。ところが今日はいつもと異なる点があった。

女性はこの日、墓地の方ではなく、道側を向いてお辞儀をしているのだ。

ボザボサな黒い髪が風になびいているのがはっきりと見て取れた。全身が粟立つ。

だんだんと女性に近づいていく頃には、引き返すという判断もできないほど恐怖した。

バイクは女性の真横まで迫っていた。

まるで映画のコマ送りのようにゆっくりと時が過ぎる。思わず横目で見た。

これまで、お辞儀をしているとばかり思っていたが、顔は正面を見据えていた。腰を曲げている分、バイクに座る自分とちょうど同じ高さになっている。

真正面で目が合った。真っ白な顔に真っ黒な目でこちらを見て、ギギギギと妙な笑い声をあげた。少し開いた口の中は、目と同じ真っ黒だった。

（生きてる人間じゃない）

頭から冷や水を浴びたような恐怖に打たれた。ハンドルを強く握りしめ、叫びながらその場を去った。ミラーを見ると、女性は腰を曲げ、顔は正面を向いたまま、両手を大きく前へ突き出し、躰を左右に動かしながら追いかけてくる。

スピードをあげ、夢中で表通りを目指した。その後、どうやって帰宅したか覚えていない。食事もとらず、風呂にも入らず、家族との会話もせずに部屋に入った。

ベッドに横になると、あの夕方のできごとを思い出した。

西日に照らされたこどもが自分に向けて手をふっていたとばかり思っていたが、そうではなかった。腰を曲げ、顔を正面に向け両手をこちらに突き出して近づいてくるまさにあの女性だったのだ。

近道で女性を見かけた日から、なぜかそこを通ってしまう。

今日こそは別の道をと何度も思った。

しかし気づけば招かれるようにあの近道へ入ってしまう。
そして毎回あの女性に会い後悔をする。そのくり返しだ。
そのことに気づいてから、怖くて家から出られないんだ。
次に会ったらあのおんなは家までついてくる。
外にいくと、気づけばあの道を通ってしまう。
だから、怖いんだ。
お兄さんは布団の上で震えながら清水さんにそう語った。
これが仕事を休んだ理由だった。

あれから十五年ほど経つ。奇怪な女性が現れた場所は現在道路の拡張と整備が進み見晴らしもよくなった。人通りも多くなっている。

人形屋

短いメールが届いた。

「怪談ではありませんが、その時代に果たせなかったことを果たすことができました」

たったこれだけだ。

正直まったく意味がわからない。念のため、アポをとってみることにした。

このご時世なので直接会っての取材は難しい、電話で話を聞いた。

メールをくれたのは、五十代の河居さんという女性だった。

「電話くださってありがとう！」

想像していた感じとはまったく違うハスキーボイスの明るい口調で、私からの連絡を喜んでくださった。現役のフィットネストレーナーさんだという。

八年ほど前のできごとらしい。

夫の転職を機に静岡県浜松市に引っ越し、職探しをはじめた。

求人雑誌を見ていると、ある人形屋の募集要項が目にとまった。

『人形屋に隣接する建物で新たにフィットネスジムを作ります。トレーナー募集』

と書かれている。

人形とフィットネス？

まったく結びつかないのだが、履歴書を持っていくとすぐに採用された。

元々は日本人形の販売をする会社なのだが、社長さんがフィットネスにはまり、空いている土地もあるから一緒に経営してしまおうとノリではじめたらしい。

ジムは人形屋のすぐ隣に建てられた。

オープンすると続々と生徒たちが入会してきて、忙しい毎日がはじまった。

主な業務は筋力系のエクササイズや加圧トレーニングなどの指導で、それぞれに合ったレッスンを行う。

生徒たちのほとんどが仕事帰りの社会人。トレーニングが終わるのは夜九時を過ぎる。

人形屋は六時に閉店するので、会社を一番最後に出るのは河居さんだった。

レッスン後に施設に鍵をかけてから帰る。

この会社で働きはじめて二月ほど経った、ある日のことだった。

いつものように鍵をかけようとしたとき、カタカタと音が聞こえてきた。手をとめて耳を澄ます。どうやら音は人形屋の方からだ。誰かまだ残っているのかとも思ったが、灯りが点いていない。

マスターキーを使って扉を開けると、そこは倉庫になっている。音はその中から聞こえてきた。（ねずみでもいるのかしら）と深く考えずにそのまま扉を閉めて、この日は帰宅した。

次の日。河居さんが出勤すると、人形屋のフロントのパートさんに昨夜の音のことを伝えた。パートさんは首を傾げていたので、音が聞こえた場所まで案内する。その扉の前に着くなり「やだァ、やめてよ」と顔を青くした。

聞けば、中には全国から送られてきた不要の人形たちが保管されているらしい。

この店では人形供養もしており、半年に一度のサイクルで集まった不要人形をまとめて近所の寺でお焚き上げをしていた。

昨日がちょうど寺に納めるために まとめる日だったので、人形が数体、倉庫に入っているとのことだった。

河居さんはどうしても気になって、中を見せてほしいと頼みこんだ。

倉庫に入ると、今は使用されていない店の備品がほこりをかぶって乱雑に置かれている。その傍らにふたの付いていないダンボールがあった。

ぬいぐるみが二体と汚れた日本人形が一体入っている。三体とも運び込まれた際に倒れたのか横向きになっていた。河居さんはそれを起こすとパートさんにお礼を言って業務に入った。

その夜、また帰り際に、倉庫からカタカタと音が聞こえてきた。

昼間あの中には供養待ちの人形が入っていることを知ってしまったから、なんだか怖かった。だが人形がひとりでに動くなど、そんなバカげたことが現実に起こるわけがない。きっとねずみがいるのだろうと思った。

しかし、よくよく考えると、ねずみだったとしたらそれはそれで困る。営業時間中に店舗やジムに現れたらお客様にも迷惑をかけることになる。音の正体を確かめなければならない。

河居さんはまた人形屋へ入ると倉庫に向かった。

扉を開けると音はピタリと止まった。昼間見たダンボール箱がそのまま置かれている。のぞき込むと、昼間起こしたはずの人形すべてが仰向けになってこちらを見つめていた。三体ともまた座らせて帰宅した。

次の出勤日、河居さんはジムが終わる夜九時にパートさんに会社に来てもらうよう頼みこんだ。

パートさんは思いのほか、すんなりと了承してくれた。

授業を終え生徒たちがみな帰り、施設の鍵をかけていると、そこへパートさんがやってきた。

「なにかいるわね。一応ねずみ捕り買ってきたわ」

耳を澄ませると、人形屋の倉庫からカタカタ音が聞こえてくる。

鍵を開けると――やはりなにかいるようだ。

しかし、中に入ると音はすぐにやんだ。

「なんだか、肝試しみたいね」

ふたりはクスクス笑い、その日はねずみ捕りを設置して解散することにした。

このことがきっかけで、河居さんはそのパートさんと仲が良くなった。

一週間ほど経った頃、彼女から紹介したいひとがいると呼び止められた。

「実は私の親しい知人に先日の肝試しの話をしたんだけど、そのひとがどうしても河居さんと会ってみたいって言うの。会わなきゃいけないんですって」

聞けばその知人は五十代の男性だという。

いくら仲の良いパートさんの知人とはいえ、ふたりで会うことは気がひける。そもそも顔も知らない。

それでもなんとなく河居さん自身も、その知らないひとと会わなければならないような気がして、休みを合わせて出かけることにした。

姫

前をいくパートさんの車の誘導であとをついていく。
待ち合わせ場所は小さな喫茶店だった。
駐車場に車を停めたとたん、なぜか涙が出てきた。
(なんだこれ。私、どうしたんだろう)
これからひとと会うのに困ったことになった。
カバンの中からハンカチを取り出して涙をぬぐう。それでも止まらない。
窓をノックする音で顔をあげるとパートさんが心配そうにこちらを見ていた。
「どうしたの?　大丈夫?」
視界が涙でゆがんでよく見えない。原因はわからないが、なにかがものすごく怖い。
車を降りても涙は止まらなかった。このまま店内へ入れば、周りのひとにも不審がられるだろう。

河居さんはうつむきながら店内へ入っていった。一度も会ったことのない友人の知人なのに、なぜかどこにいるのかすぐにわかった。彼は角の席でコーヒーを飲んでいた。

友人は気を利かせて少し離れたテーブル席に腰を下ろした。

男性に会釈をして席に座ると、自分の意志とは裏腹に、思いもよらぬ言葉が口をついて出た。

「わらわのことを、お忘れですか?」

男性は河居さんを見つめ「忘れていません。姫」と優しく言う。

ここから記憶が曖昧になった。自分の意識はあるにはある。自分とは別の誰かがそばにいるような感覚だ。

その誰かが、次々に言葉を発していく。河居さんは俯瞰でその会話を聞いているような状況だった。

どうやらこの男性とはかつて恋仲だったようだ。

男性は、河居さんを「豊姫」と呼んだ。

どの時代なのかは不明で相手のこともはっきりとはわからなかったというが、河居さんが理解したのは次である。

豊姫には婚約者がいた。ところが豊姫は政略結婚により、婚約者と引き離されてしまった。

愛するひとと結ばれず、添い遂げることができなかった。

そのつらい想いが、まるで、再現するように次から次へと言葉が出てくる。涙が止まらない。最初、なにかに怯えていたのは、自分を忘れられていたらどうしようという不安感からきたものかもしれない。

河居さんは男性とひとしきり会話をしたあと「フッ」と息を吐いた。意識が戻った。

ふと見ると、自分の隣に燃えるような赤い着物を身にまとった女性が座っている。少し気の強そうな凛《りん》とした方だ。女性は河居さんにほほ笑んで「ありがとう」と小さくつぶやきお辞儀をした。向かいの座席には黒い着物の男性もいる。烏帽子《えぼし》をかぶった品の良い方だ。

ふたりは手を取り合うと、満面の笑みでその場で消えた。

河居さんは放心状態で正面の男性と向き合い「初めまして」と挨拶をした。

「それが、あの人形にそっくりだったんですよ。なんでかよくはわからないんですけど。着物もお顔も本当によく似ていて」

「じゃあ、河居さんは、お人形さんに憑かれていたということですか？」

「そうとは思えないんです。豊姫という方がどの時代の方かはわかりませんが、実在はしたのだろうと思うんです。感情も自分とはまったく違うし、男性を思う気持ちはまるで少女そのものでした。話をしていた言葉は難しすぎて思い出すこともできません。でも、もし本当にご本人たちだったとしたら、引き離されたとき、いったいどんな気持ちだったんだろうって考えるとかわいそうで」

「姫は赤い着物で男性は黒い着物姿だったとおっしゃいましたけど、もしかしたら婚礼の衣装かもしれませんね」

私がそう言うと、電話口で河居さんは泣き出してしまった。

「数百年以上の時を経て一緒になれたんですね。ずっと心残りだったんでしょう。私たちがおふたりを見送ることができたと思うと嬉しいです」

来てください

元警察官の田辺さんという男性の話である。

「ぼくが派出所で勤務していると『お巡りさん、一緒に来てください』と呼びにきた方がいて、急いで一緒についていったんです」

ふだん滅多に立ち入ることのない畑の奥だった。

倉庫に案内され、扉を開けると、呼びにきた本人がそこで首を吊って死んでいた。

事故

先の話の田辺さんと一緒にパトロールをしていた別の男性巡査の話だ。

この日は交通違反の取り締まりをする予定はなかったが、田辺巡査が道路脇に佇み、大声でなにか叫んでいる。直後、目の前で大きな事故が起こった。

彼に聞けば「事故を起こそうとしている奴が見えたから説得していたが聞いてもらえなかった」という。

田辺巡査

田辺巡査には悩みがあった。

これから起こることが見えてしまったり、死者の声が聞こえてしまうのだ。

孤独死した老人の家へいった際、当人から家族の愚痴を延々と聞かされる。

霊安室に安置されているご遺体からは「こんなところにひとりにするな。淋しいだろ」と文句を言われることもある。

聞きたくもないのに聞こえてしまう。愚痴よりもつらかったのが、事件や事故が起こることを死者が教えてくれることだったという。それを上司に報告すると、本当にそれが起こるので、気味悪がられてしまっていた。

「だからもう、終わりにしようと思ったんでしょうね。遺書残して自殺しましたよ、彼。寮の窓で首吊ってたんです」

教場で田辺さんの同期だった和田巡査から聞いた話だ。

まる変

和田さんは三十年ほど前、警察学校を卒業したあと郊外の警察署に配置された。業務は三交代で、立ち番勤務、パトロール、書類の作成などを行っていた。

警察官になって新人の頃は、孤独死の現場などには必ず連れていかれた。

二年が経つと、遺体を見ることにも慣れていたが、初めていった現場ではあまりの腐臭に現場で嘔吐してしまった。

先輩からは、常にメンソレータムをポケットに入れておくようにとアドバイスされていた。

遺体が見つかった現場に向かうときは、立ち入る直前に鼻の中に詰めるのだが、たいがい、それでも効かないほどのにおいが立ち込めているので、あまり意味を成さなかった。

病院で死亡が確認されていない場合は変死扱いとなり、業界では「まる変」と呼ばれる。この言葉を聞くと眩暈を覚えるほど、和田さんはショッキングな現場が多かった。

一度、風呂場で亡くなった男性の遺体を回収することがあったが、かなりひどい状況だった。

古いガス釜式のタイプのもので、入浴しながら追い炊きをしている最中に心臓発作を起こしたようだった。現場はまるでとんこつラーメンのような臭気が立ち込め、浴槽の中は白い油が層を成している。遺体は真っ赤に茹で上がり、持ちあげるとズルっと肉が骨から剥がれ落ちた。

コタツに入ったまま亡くなっていた老人は、ヒーターにあぶられ続けた結果、玄関の外までスルメを焼くようなにおいがしていた。

初めはこんな現場が続くのなら精神が持たない、辞めてしまおうかとも思った。それでも二年が経つ頃にはすっかり慣れていた。

先にも述べたが、病院で医師の診断がない遺体は変死体として、死因を明らかにするために解剖が行われる。解剖は指定の監察医が行うのだが、所轄の司法警察官が二名立ち会うことになっている。ひとりは記録を取り、もうひとりは監察医の補助をするのだ。

事件性の少ない場合は行政解剖へまわされるが、変死など不審な点がある場合には司法解剖となる。

和田巡査は二年間でいくつもの司法解剖に立ち会った。

監察医によってさまざまのようだが、胃の内容物を調べるために臓器を細かく切り刻む先生もいれば、髄液だけで判断する先生もいた。


平成四年「まる変」の通報が入った。

自宅で亡くなっていたのは、神奈川県の一軒家に住む四十代の男性だ。

和田さんが司法解剖に立ち会うことになった。

遺体が解剖室に運びこまれる。それに遅れて親族と思われる三人がやってきた。

男性の妻と娘、そして中年の男性。みな肩を震わせて泣いていた。

「これから、ご主人が亡くなった原因を突き止めます。あとで死亡診断書をお渡ししますので待合室でお待ちください」

解剖の結果、眠っていた際に肝不全で亡くなったことが判明した。

その結果を知らせるため、待合室へ向かうと母親と娘がまだ泣いていた。

「死亡診断書です。詳しくご説明します。お連れの男性はお手洗いですか?」

さきほどいた中年の男性の姿がない。

母子はきょとんとした顔で「私たち、ふたりです」と答えた。

思い返してみると、さきほど母子に寄り添うようにいた男性は、解剖室に運び込まれた男性とそっくりだったことに気がついた。

家族を残して先立つことを悲しんでいたのだろう。一緒に涙を流していたことが印象的だったという。

「お仕事とはいえ、怖くはないんですか?」

そう聞くと、和田さんは笑った。

「慣れちゃうんですよ。解剖しているすぐ横に立って、切り刻まれる自分を不思議そうに見ていたりもしますよ。解剖医の先生にとっても当たり前になってます」

和田さんは八年ほど前に職務中の事故で大けがを負い、警察官を辞めた。

辞めてからは一切、ゆうれいの類を見ることはなくなったそうだ。

多目的室

最後に、私の大切な親友のことをここに記したい。

二十代前半の頃、とある芸能プロダクションに所属していた時期がある（現在そのプロダクションはない）。

事務所に入ると、ワークショップと呼ばれる演技レッスンを受けなければならない。すべてのレッスンは有料で、参加の回数が多いほどスタッフに気に入られてデビューの機会が増える仕組みになっていたように思う。レッスンの金額は決して安くはないので、ほとんどのタレントがアルバイトで生計を立てていた。

ときどきくる芸能の仕事といえば、バラエティ番組内での再現ドラマの脇役か映画のエキストラくらいだったが、それでもみな必死に、足しげくレッスンに通っていた。

あるとき、事務所主催で芝居の公演をするという話が持ちあがった。

幕末を題材にした時代劇で、七百席ほどの劇場で一週間の公演をするという。出演は総勢三十名。役名が発表されると、二ヵ月後の本番にむけて、毎日稽古が行われることになった。

稽古は事務所にある稽古場で行われるのだが、十畳ほどの狭いスペースで全員が入るとかなりぎゅうぎゅうだ。

それでも各自ストレッチをしてから台詞の読み合わせをはじめる。

空き時間は仲の良い者同士が楽しそうにおしゃべりをしていた。

私はそれをいつも遠くから見ていた。極度の人見知りだったのだ。台詞があれば役に入って会話ができるからなにも怖くはない。ところがひとたび台本がない状態になるとまったく他人と会話ができないという超がつくほどの陰キャだったのだ。

居場所は大抵稽古場の一番奥の角。そこに荷物を置いて壁に向かって座ると、誰とも口を利かずに台本を読みふけっていた。

当然こんな者に話しかけるひとはおらず、むしろその方が楽だった。

そんなある日「牛抱さん」と肩を叩かれた。

ふり向くと、確か私よりも五つほど歳下の美保子だ。

「なんですか」

「今日、一緒に帰りませんか」

「いえ、予定があって急ぐのですみません」

突然のことだったので、反射的に彼女の誘いを断ってしまった。もちろん予定などなにもない。

ところがまた次の日、美保子は声をかけてきた。

「今日お昼休憩のとき、ランチいきませんか?」

正直ひとりで過ごしたかったが、断る理由が見つからず、この日初めて事務所の人間と食事にでかけた。

美保子は、舞台役者を目指しこの世界に入ったらしい。

ストレートの黒髪には艶があり、目が大きく色の白い可愛らしい顔をしている。明るい性格でほかの役者たちからも人気があった。

なぜ私を誘ってきたのかとても疑問だった。この日、ランチを食べながらなにを話したのか、まったく憶えていない。

それからも彼女は頻繁に声をかけてくれるようになった。

彼女のことを「美保ちゃん」と呼び、稽古が終わると駅までおしゃべりをしながら一緒に帰るようになり、台本や演技についてもよく話をした。

いつしか彼女に心を開くようになっていた。自然と笑顔になれる。こんな純粋で素敵なひとがいるのだと感心した。

ところで、このとき我々が出演する芝居の演出家が非常に厳しい方だった。

少しでも台詞の意味を理解していないような素振りを見せると、すぐにでも役をおろされるということもあり、常に稽古場はぴりぴりとしていた。

本の内容を理解するまでは台詞を暗記することが禁止され、それが許されると今度は、自然と言葉が出てくるまでは台本を手元から離すことも許されなかった。

稽古がはじまって一ヵ月以上、車座になって読み合わせをするだけの毎日が過ぎていった。

たくさんの不安を抱えたまま、あと一週間で本番というところまできていた。

このままで本番が迎えられるのだろうか。いざ立ち稽古がはじまったとき、動作まで頭に叩き込むことができるのだろうか。

そしてようやく台本を離しての立ち稽古がはじまった。

先にも書いたが稽古場は狭く、すべてのキャストがこの空間で立ち稽古をすることは不可能だった。なので専門用語になるが「抜き稽古」といってシーン毎に区切って出番のあるキャストのみが稽古場に入り、そのほかは外で待機するというやり方をしていた。そしてようやく本番の前日に、頭から最後までを通して最終稽古をすることになり、広い稽古場を借りた。

この芝居で私は小道具の管理を任されていた。美保子ともうひとり、柚木君という役者が一緒だった。彼も人懐こい元気な性格で私もすぐに打ち解けることができた。

事務所で一度すべての小道具をまとめ、電車に乗って予約していた施設へと向かった。そこがどの町にあったのかいくら考えても思い出せないのだが、ずいぶんと近代的でおしゃれな外観だったことははっきりと覚えている。

入り口は回転式の扉になっており、中へ入るとカフェや本屋、コンビニなどさまざまな店舗が入っている。

ほかの役者たちは通し稽古がはじまるまでの間、それぞれ買い物などを楽しんでいたようだが、我々は準備も兼ねて受付で鍵を借りて先に稽古場へ入ることにした。

稽古場として借りたのは「多目的室」という地下二階の部屋だった。

エレベーターに乗りこむとそこに一枚の貼り紙があった。そこにはこう書かれていた。

『地下二階に降りるにはもう一度エレベーターを乗り換えてください』

「わざわざ乗り換えるんだ。変わった建物だね」

「いよいよ明日本番か。楽しみだね」

「お客さんたくさん入るといいね」

三人で話しながら地下一階に到着する。扉が開くと細長い通路になっていた。表の近代的な外観とは打って変わって、ずいぶん古ぼけた感じだ。窓はない。どうやらこの通路の奥に乗り換えのエレベーターがあるようだ。

通路を歩きながら三人で明日からはじまる本番への期待に胸を膨らませた。

突き当たりに二台のエレベーターがあった。片方は古くて小さい。もう片方も古くはあるがかなり大きなサイズだ。スーパーの裏口にあるような業務用ほどのものだ。

我々は小さい方に乗り込んだ。扉が閉まり動きだすと、なんとなく厭な感じがした。数日前、古いエレベーターに挟まれて死亡者が出たというニュースを観たことを思い出したからだ。

隣にいる柚木君が私の腕をつつきながら小声で「やばいやばい」と話しかけてきた。

美保子を指さしている。

さきほどまで笑顔だった彼女が、頭を抱えながらぶるぶる震えている。

「どうしたの？」

そう呼びかけたのとエレベーターが停まったのは同時だった。

ゆっくりと扉が開く。灯りが点いていない。

微かに線香の香りがする。降りることを躊躇してしまうほどの闇だ。

「俺が誘導するんで、美保子のこと頼みます」

柚木君がポケットから携帯電話を取り出し足元を照らす。気休め程度でほとんどなにも見えなかった。左手で柚木君のリュックにつかまり、右手で美保子の手を引き、すり足で前へ進む。

突き当たりに部屋があった。扉の上に「多目的室」と書かれている。鍵を開け壁沿いのスイッチを点けると室内はパッと明るくなった。

コンクリート打ちっぱなしの真っ白な部屋がそこにあった。

物はなにもなく、ガランと広い空間が広がっている。

――部屋いっぱいに線香の香りが立ち込めている。

私は、躰いっぱいにぞわぞわとした拒否反応が起こるのを感じた。

「気持ち悪い」

柚木君はそう言いながらも廊下の電気を点けにいった。

しばらくすると、ほかの役者たちも続々と稽古場に入ってきて各自、発声練習やストレッチをはじめた。

あと三十分後には演出家が到着し、通し稽古がはじまる。それまでに万全の体制で準備をしなくてはならない。

私も小道具の準備を整えてから、ストレッチをはじめた。

ふと稽古場の隅を見ると、美保子がリュックを背負ったまましゃがみ込んで頭を抱えて震えていた。

数人の役者が少し離れたところから心配そうに見てはいるが、誰も声をかけようとしない。

すぐに駆け寄り呼びかけた。

「美保ちゃん、大丈夫?」

返事をしない。頭を抱えたまま震えている。

顔をのぞき込むと目を見開いたまま、なにかブツブツとつぶやいている。

「――に、いられない」

「えっ？　なに？」

「ここにいられない……ここにいられない」

そう言うと髪の毛を引き抜いた。

髪は束になって彼女の手にこびりついた。

突然のことに周りにいた役者たちがあとずさる。

そのうち両のこぶしで自分の頭を殴りだした。

大粒の涙が頬を伝っていく。そして、過呼吸を起こしはじめた。

誰もがただ茫然とその光景を黙って見つめていた。

「誰か袋を持ってきて！」

夢中で叫ぶとコンビニの袋をほかの役者がすぐに手渡した。

正しい措置なのかはわからなかったが、美保子の口をふさぎ、背中をさすってなんとか落ち着かせようと試みた。それでも呼吸は荒くなる一方だった。

「外の空気を吸わせよう！」

戻ってきた柚木君が美保子を負ぶって多目的室から連れ出してくれた。

電気を点けても薄暗い廊下を歩きエレベーターの前までいく。さきほど乗ってきた小さなエレベーターでなく、大きな方に三人で乗り込んだ。

地上に着きエントランスから外へ出るとそこは駐輪場になっていた。その脇にイチョウの木が立っている。

美保子はその木の根元に腰を下ろすとだいぶ落ち着いたようすだった。

「大丈夫？」

声をかけると目を閉じたままこくりとうなずいた。

「そっか。落ち着いた？　びっくりしたよ」

そう言い彼女の手に触れた私は、反射的に自分の手を引っ込めてしまった。

氷のように冷たい。しかも不自然なカタチに折れ曲がって、指と指がくっついてしまっている。

柚木君も不思議がってその手を温めたりさすったりしてみたが、くっついた指はまったく動かない。

「美保ちゃん、この手どうしたの？」

そう聞くと、美保子が急にクスクスと笑い出した。

そのとき柚木君が「これ、誰かに手を握られてる形だ」と小さくつぶやいた。

美保子は目を閉じたまま笑い続けていた。

そこへ演出家がやってきた。稽古の開始時間が過ぎている。怒られる覚悟をしていると、彼は予想外のことを言った。

「美保子、辛かったな。今日はもう帰っていい。あの部屋には戻らなくていいぞ」

荷物まで持ってきている。案外優しい方なのだと、このとき初めて感じた。

結局この日、最終稽古は中止となった。

「一度事務所に戻って明日の打合せをして解散だ」

演出家はそう言ってこの場を立ち去った。

我々は小道具などを急ぎまとめると、タクシーに乗って事務所へ向かった。

ほかの役者たちは電車移動のため、一番最初に事務所に到着した。

入り口の扉を開けると、マネージャーがひとり、事務仕事をしているところだった。

「お疲れさまです」

マネージャーはふり向くなり、ぎょっとした表情で言った。

「待って、誰よ、連れてきたの。おばあさんがいるんだけど」

柚木君と私は顔を見合わせた。

マネージャーは机の引き出しを開けると、小さな袋に入った塩をつまみ、いきなり私たちにふりかけた。

「なにするんですか？」

聞いてみたが、返事をせずに玄関にも塩を撒いている。気味が悪かった。

そのうちにほかの役者たちも戻ってきて、軽い打合せをしてから解散をした。


翌日、不安な気持ちのまま舞台の初日を迎えた。

本番前に事務所に集合し、メインキャスト数人は神社にいってお祓いをしてもらうことになっていた。昨日の美保子の影響ではない。殺陣の多い時代劇なので、安全祈願の意味で何日も前から神社に予約をしてあったのだ。

美保子と一緒に移動をはじめた。彼女の指は元に戻っていたが、今度は左足を引きずっている。

「足、どうしたの？」

「フフフ……わかりません」

笑いながら答えた。

美保子は町娘の役で殺陣のシーンはない。いったいどうしたのか。

神社のある駅に着くと、美保子は私の腕にぴったりとくっつきながら足を引きずって歩いた。

路地が入り組んでいる中、左側に人ひとりがやっと通れるほどの狭い道が見えたときだった。

美保子が突然その道に向かって走り出した。腕を上下に不自然に動かしながら、左足をずるずると引きずっていく。

「どこいくの！」

私の声にふり向くことなく遠ざかっていく。

柚木君が追いかけ、なんとか彼女を連れ戻してきた。そのあきらかにおかしなようすを見て泣き出す役者もいた。

美保子の身にいったいなにが起こっているのか理解ができなかった。

神社に到着すると、若い宮司さんが本殿に案内してくれた。

用意されていた胡床《こしょう》に腰を下ろす。美保子を隣に座らせた。

厳粛な雰囲気のなか、祝詞《のりと》の奏上がはじまる。

昨日今日と散々だったが、これから本番だ。ここからは余計なことを考えずに舞台に集中しよう。

手を合わせ、目を閉じた。

心地よい奏上が聞こえ続ける。

目を閉じてしばらくして、パサッととなにかが髪に触れた。

それは一定のリズムで何度も当たる。

気になって目を開けると、そこに白目を剥いた美保子の顔があった。

頭をゆらゆらと動かしながら、

「昨日のおばあさんがいます」

そう言って突然、美保子が胡床から立ち上がった。

「昨日のおばあさんが！　昨日のおばあさんが！」

美保子は叫びはじめた。目からは涙が溢れ、頬を伝っていく。

突然のことに驚いた宮司さんが、どうしたのかと声をかけてきた。

昨日からの彼女の不可解な行動についてひと通り説明すると、

「私は陰陽師ではございませんので、たとえ悪霊などが取り憑いていたとしても取り祓うことはできませんが……」

そう前置きしてから「これを肌身離さず持っていさせてください」と御守りを渡してくださった。御守りを受け取ると美保子は落ち着きを取り戻し、その足で劇場へいき、本番を迎えた。

御守りの効果があったからなのかどうかはわからない。

美保子は元気を取り戻し、いつも以上の素晴らしい演技で客を喜ばせた。

初日は満員御礼で大好評だった。

翌日も翌々日もみな自分の持っているものすべてを出しきって連日リピーター客が出るほどとなった。

やがて迎えた千秋楽、誰ひとりケガもせず、公演が終わり無事に幕を下ろした。

みな力を出しきり満足した表情で打ち上げ会場へ向かっていったが、私はそのまま演出家のところへいき、あることを確認することにした。

どうしても気になることがあったからだ。

「地下の多目的室について、なにか知っていることがあったら教えてください」

そう問い詰めると、一瞬困ったような表情をした。

「隠すつもりはないが、実はあそこは元々葬儀場だったんだ」

改築をしてレンタルスペースにしていたとのことだった。

ただし、改築後も葬儀場としても貸し出しを続けており、我々が稽古をする直前も、葬儀が執り行われていたという。ひとり暮らしのおばあさんだったそうだ。

あの日事務所へ帰った際にマネージャーが「誰よ、連れてきたの。おばあさんがいるんだけど」と言っていたことと、神社でのお祓いで美保子が「昨日のおばあさんがいます」と言っていたことがこのとき一致した。

劇場から出た私は、演出家から聞いた話を待っていたふたりに伝えた。

なぜそのおばあさんは、美保子のところへ出てきたのだろう。

柚木君は「美保子は心から優しい子だから、ばあちゃん、寂しくてわかってもらいたかったんじゃないっすか」そう言ったが、美保子は「優しくなんてないですよ」と恥ずかしそうに笑っていた。

私たちは朝まで飲み明かし、一緒に駅までいって始発で帰った。

芝居の稽古がはじまる前まで人見知りだったのが嘘だったように私にとって楽しい時間だった。

本番が終わると役者たちはそれぞれの日常に戻る。

アルバイトをしながら習い事やワークショップに参加する者がほとんどだろう。

私も当時は映画館でアルバイトをしていた。

その日、チケット売り場で接客をこなし、昼休憩に入った私は、携帯電話を見ると、柚木君から着信が入っていることに気がついた。久しぶりだったので喜んで折り返した。

「もしもし。久しぶりだね。元気?」

「美保子が――自殺した」

あれから二十年ちかく経つ。大切な親友を守ることができなかったことを、私は今も悔やみ続けている。

あとがき

『呪女怪談　滅魂』いかがだったでしょうか。

ありがたいことに単著もこれで四冊目となりました。

前作『呪女怪談』を発表してから丸一年。世の中の状況はなかなか変わっていません。

コロナ禍の中、怪談会や直接会っての取材が行えない状況が続いています。その反面、インターネットを通じて新たな出会いもたくさんありました。ＨＰやツイッターへ日々たくさんの投稿をいただいております。

電話でお話を聞かせてくださった方もいて、話していくうちに「そういえばこんなこともあった」と別の体験談も飛び出してくることもありました。後日談なんかも。

今回掲載した怪談のほとんどが投稿によるものです。

世の中には不思議な体験をしているひとが、まだまだたくさんいるのだと思います。

ワクワクしますね。

直接話すのは気がひけるけど、こんな体験をしたことがあるよという方は、ぜひＨＰまでご連絡ください。あなたの怖い体験談を書籍や語りにして、更なる恐怖を世に発信していけたらと思います。

本書を手に取ってくださった読者様、お話を託してくださった怪異体験者様、編集の中西様、竹書房様、関係者のみなさまありがとうございます。

それではまたいつかこの世の裏側でお会いいたしましょう。

二〇二一年五月某日　牛抱せん夏

呪女怪談　滅魂

2021年6月4日　初版第1刷発行

著者…………………………………………………………………………牛抱せん夏
デザイン・DTP　………………………………荻窪裕司（design clopper）
企画・編集　……………………………………………中西如（Studio DARA）

発行人……………………………………………………………………………後藤明信
発行所………………………………………………………………………株式会社 竹書房
〒102-0075　東京都千代田区三番町８－１　三番町東急ビル６Ｆ
email：info@takeshobo.co.jp
http：//www.takeshobo.co.jp
印刷所……………………………………………………………中央精版印刷株式会社